RODIN

Corps et décors

Beaux Arts éditions

Musée Rodin

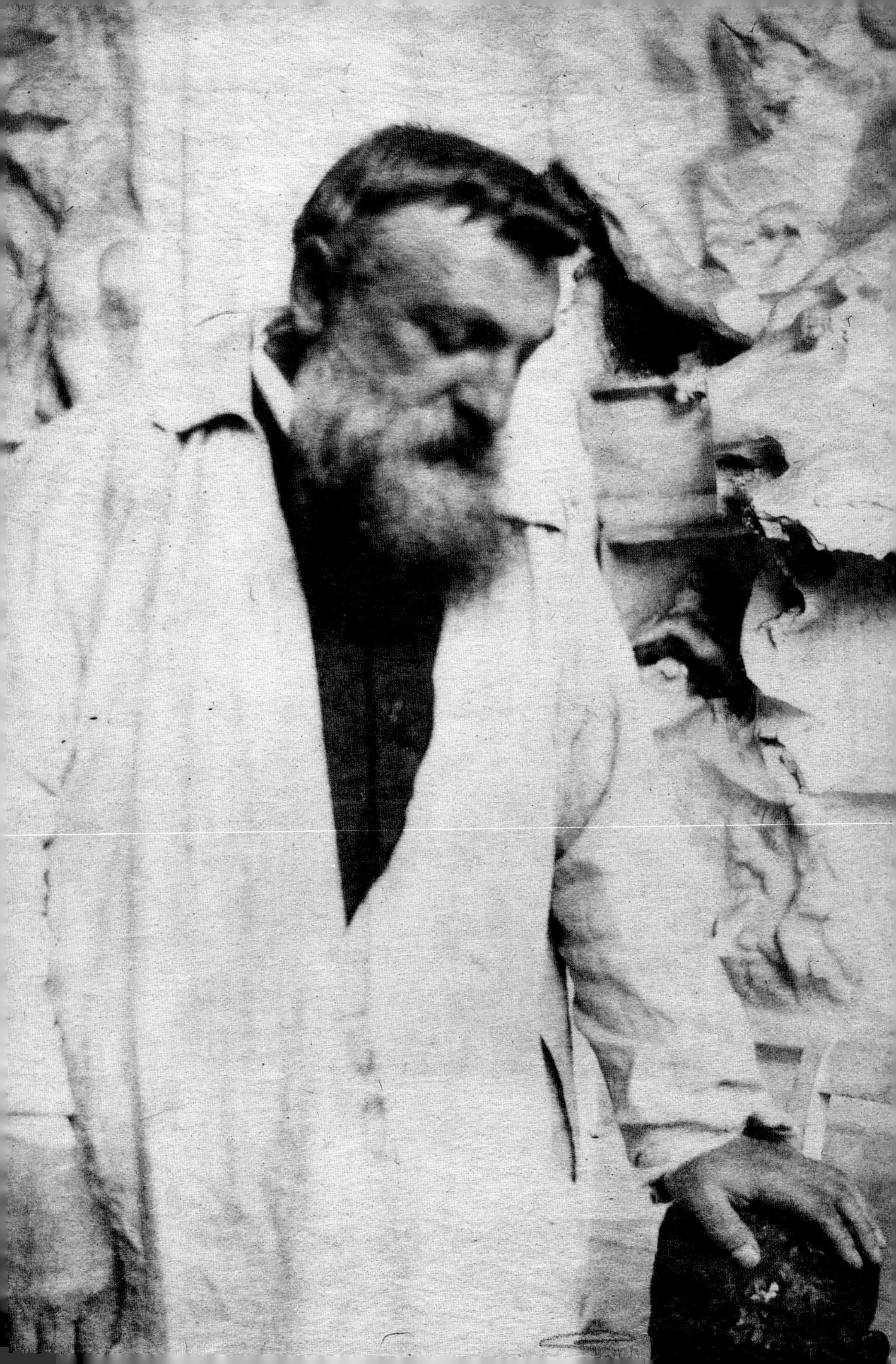

Corps et décors

Rodin fut un extraordinaire créateur de formes nouvelles : en s'affranchissant des poses conventionnelles utilisées depuis des siècles en sculpture, il donna une liberté sans précédent au corps humain, moyen exclusif de l'expression et de l'émotion dans son art. Il fut aussi un formidable inventeur de motifs, un assembleur de formes humaines – torses, têtes, jambes, bras, mains… Issue de sa formation au sein de l'École spéciale de mathématiques et de dessin, développée lors de sa longue période de travail dans des ateliers de sculpteurs-ornemanistes, cette pratique lui servit d'abord à composer de petits groupes décoratifs par assemblage et déclinaison de figures préexistantes. Il appliqua ensuite cette technique traditionnelle à tous les domaines de son activité, du dessin à la sculpture en passant par la gravure et la décoration de vases. En expérimentateur audacieux, il poussa très loin les possibilités de cette méthode, jusqu'à en faire le moyen principal de sa création dans la dernière partie de sa carrière. C'est ce travail incessant sur le corps humain utilisé comme motif que l'exposition «Corps et décors» propose de découvrir. Cette publication éditée par Beaux Arts éditions vient en illustrer le propos en développant quelques exemples particulièrement représentatifs. Certains, comme le motif de femme debout entourée d'amours, sont utilisés par Rodin à l'identique, dans plusieurs techniques mais pendant une courte période ; d'autres, au contraire, connaissent une évolution lente sur plusieurs décennies, à l'image de *la Pleureuse*, masque tragique créé sans doute pour *la Porte de l'Enfer* et remployé ponctuellement pendant une vingtaine d'années.
Par ce processus de variation et de déclinaison, l'œuvre de Rodin révèle sa richesse inépuisable et se place comme l'une des contributions essentielles aux modernismes qui lui sont contemporains.

Dominique Viéville
Directeur du musée Rodin, Conservateur général du patrimoine

Gertrude Käsebier
Rodin devant la Porte de l'Enfer,
vers 1905, tirage
à la gomme bichromatée.

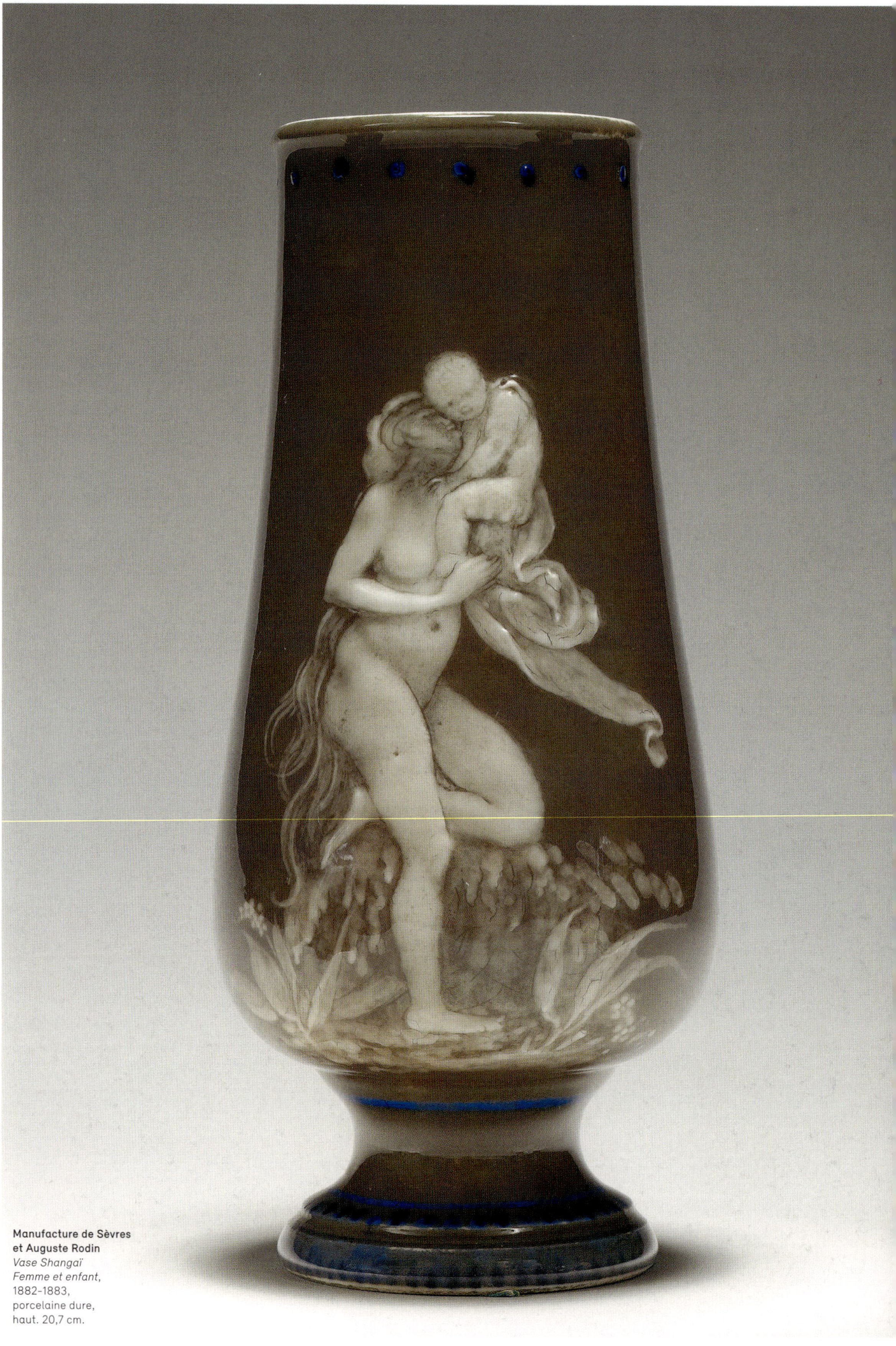

Manufacture de Sèvres et Auguste Rodin
Vase Shangaï
Femme et enfant,
1882-1883,
porcelaine dure,
haut. 20,7 cm.

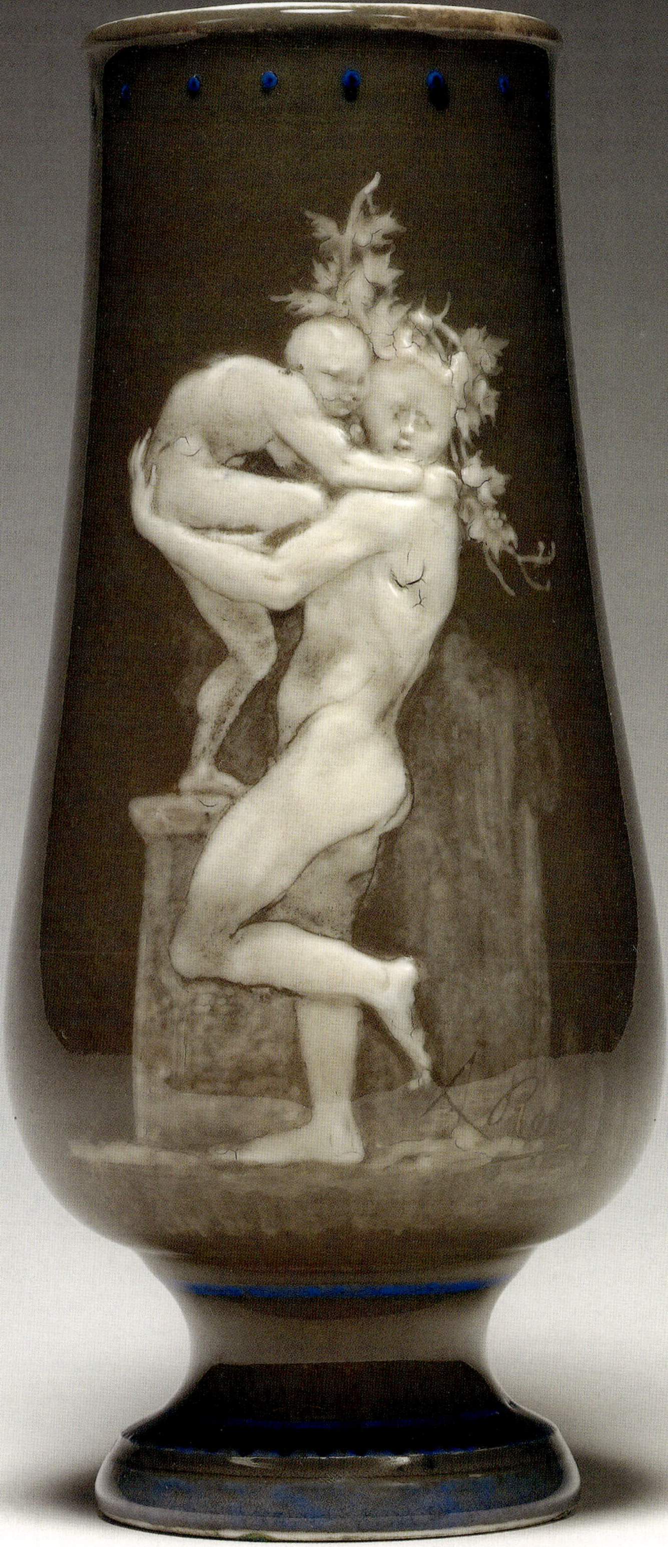

Manufacture de Sèvres et Auguste Rodin
Vase Shangaï
Faune et enfant, 1881-1883,
porcelaine dure,
haut. 20,6 cm.

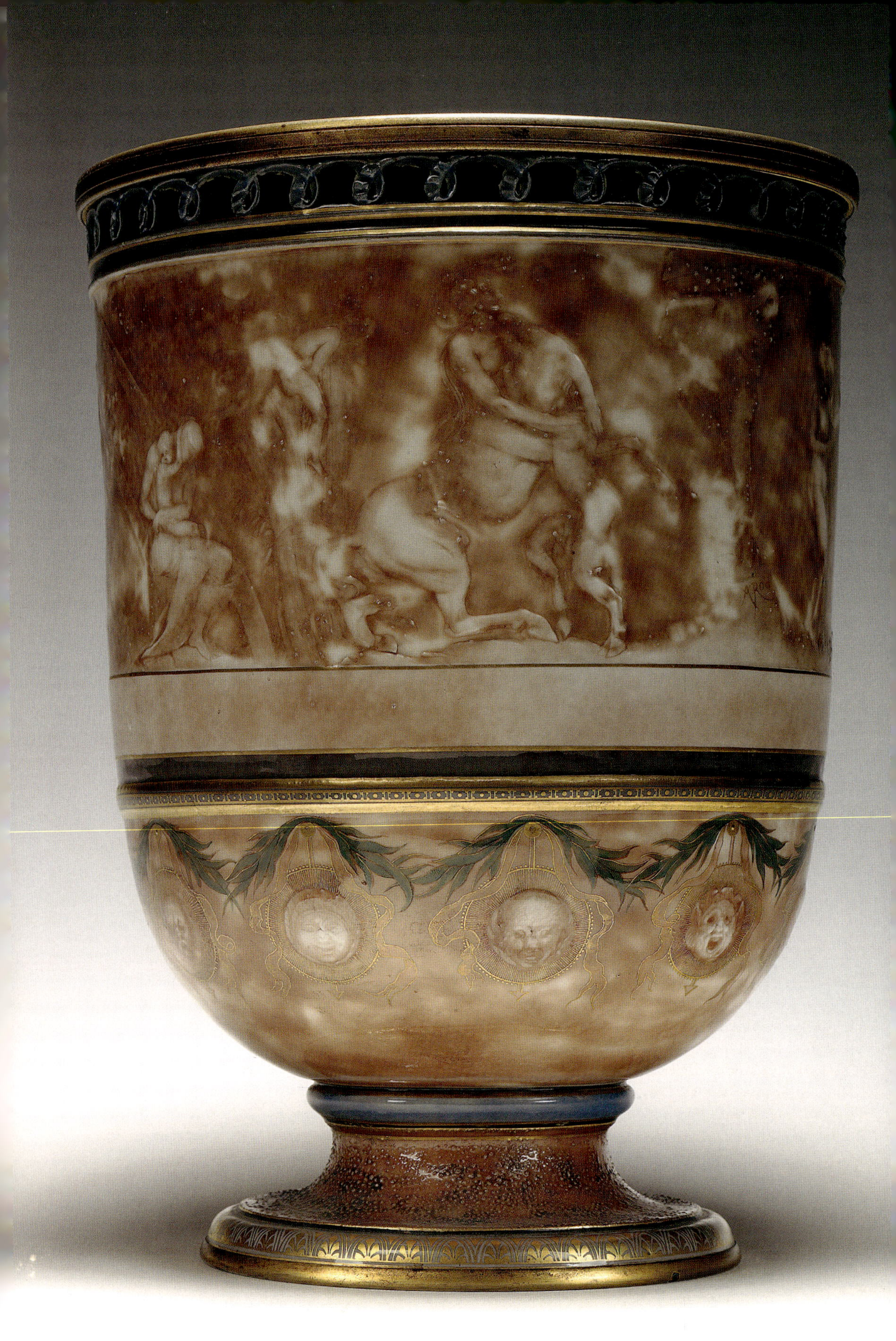

Auguste Rodin et les arts décoratifs

Entretien avec François Blanchetière, propos recueillis par Stéphanie Méséguer

Qu'est-ce que l'art décoratif au temps de Rodin?
Avant le XIXe siècle, la distinction entre les beaux-arts et les arts décoratifs n'était pas aussi stricte que ce que l'on suppose aujourd'hui. Un artiste comme Lebrun (1619-1690), par exemple, était premier peintre du roi, il produisait de grandes toiles historiques, mythologiques et autres, qui avaient le plus souvent une destination décorative. Ces toiles ornaient des chambres, des salons, des galeries d'apparat... Qui plus est, le peintre pouvait concevoir la totalité du décor. Cette situation est encore en grande partie valable au XVIIIe siècle. Au XIXe siècle, cet état persiste, mais le romantisme fait apparaître la figure du génie, celui qui crée sans contingences matérielles, sans commande, pour la beauté du geste, pour l'art pur. L'idée qu'un artiste puisse avoir deux activités, l'une proprement artistique et l'autre «plus alimentaire» – la décoration semblant devoir faire partir de cette dernière –, se développe pendant la première moitié du siècle. Les sculpteurs, pourtant, reçoivent nécessairement au cours de leur formation un enseignement qui leur permet de pratiquer une sculpture décorative, ornementale, avec un vocabulaire traditionnel: les rinceaux, les feuilles d'acanthes... D'une manière générale, les arts décoratifs englobent les objets d'art qui embellissent le quotidien aussi bien que les grands décors des bâtiments publics ou privés.

Pourquoi aborder aujourd'hui la notion d'arts décoratifs dans l'œuvre de Rodin?
Il n'y jamais eu d'étude générale sur Rodin et les arts décoratifs. Il existe des articles, et surtout l'ouvrage de Roger Marx, sur la production de Rodin à Sèvres, *Rodin céramiste*, qui date de 1907 et qui fait référence, mais aucune étude générale. Je crois que notre époque est prête pour une réévaluation de ce pan de sa production. Il a souvent été considéré que, une fois sa réputation établie, c'est-à-dire, une fois la commande de *la Porte de l'Enfer* passée, Rodin pouvait se débarrasser de ces travaux alimentaires et se consacrer pleinement à son art. Mais, quand on renverse la perspective et qu'on s'intéresse spécifiquement à ce qui peut relever des arts décoratifs dans son œuvre, on s'aperçoit que Rodin a continué à y travailler de manière importante dans les années 1880, puis dans les années 1890, et encore après 1900, que ce soit pour des commandes et pour des travaux personnels, sans destination commerciale. Son art trouve à s'y exprimer de manière originale, comme presque toujours avec lui.

De quelle façon l'exposition est-elle organisée?
En quatre sections qui correspondent à quatre périodes successives de la carrière de Rodin et à quatre thèmes majeurs de sa production dans le domaine des arts décoratifs.

Manufacture de Sèvres et Auguste Rodin, *Seau de Pompéi la Nuit*,1882-1883, porcelaine de Sèvres, haut. 31,8 cm.

La première section concerne sa formation : son passage à la Petite École et dans des ateliers de sculpteurs-ornemanistes. Une place importante est faite à Albert Ernest Carrier-Belleuse (1824-1887), grand sculpteur et décorateur, très en vogue sous le Second Empire, très marqué par le XVIIIe siècle. Nous nous intéressons par ailleurs à son travail de décoration monumentale, à Bruxelles en particulier, mais aussi à Paris, ainsi qu'à l'importance du dessin dans son apprentissage.
La deuxième partie est consacrée à la décennie 1880-1890, où tout change pour le sculpteur. Il a 40 ans, il est entré en 1879 à la Manufacture de Sèvres comme décorateur, à l'instigation de Carrier-Belleuse. Il reçoit la commande de *la Porte de l'Enfer* qui fait vraiment basculer sa carrière. Je tiens beaucoup à montrer les liens qui existent entre l'iconographie de ses décors de vases à Sèvres et celle de *la Porte*, notamment par le biais des dessins qui lui permettent d'élaborer ces motifs.
La troisième partie débute à la fin des années 1880 quand Rodin commence à être célèbre et peut choisir les commandes qu'on lui propose. Elle est consacrée à trois mécènes collectionneurs importants.
Le premier est Maurice Fenaille, grand amateur du XVIIIe siècle, mais qui s'est beaucoup intéressé à l'art de Rodin et qui lui a commandé des éléments sculptés pour orner la façade de sa villa à Neuilly.
Joseph Vitta est, lui aussi, un grand mécène des musées et des artistes de l'époque, mais totalement méconnu. Il a fait construire une villa à Évian, ce qui explique que cette exposition, «Rodin et les arts décoratifs», y a d'abord été présentée.
Enfin, Matías Errázuriz, diplomate argentin, autour de 1912 – Rodin est alors l'un des artistes les plus célèbres de son temps –, commande un projet de cheminée monumentale pour laquelle le sculpteur utilise les grands reliefs d'*Adam* et *Ève* créés pour *la Porte de l'Enfer* trente ans auparavant. En contrepoint, sont présentées les réductions du *Baiser* qui sont la traduction à quatre échelles différentes du grand chef-d'œuvre salué au Salon de 1898. Déclinées par un fondeur industriel, elles sont destinées aux bourses d'amateurs dont les moyens sont moindres, mais qui souhaitent décorer leur intérieur avec une œuvre de Rodin, eux aussi.
Enfin, est abordée la fin de la carrière de Rodin, quand il peut se permettre d'expérimenter très librement avec ses œuvres, en faisant varier leur dimension et en les faisant traduire dans des matériaux différents, issus des arts décoratifs.

Pouvez-vous revenir sur les années de formation de Rodin, entre 1850 et 1880 ?
Sa jeunesse est assez mal connue. Il a suivi des cours de dessin avant d'entrer à la Petite École où il a appris différentes techniques selon l'enseignement traditionnel reposant sur l'apprentissage du dessin, l'éducation de la mémoire visuelle, la capacité à reproduire la forme vue dans la nature ou dans son environnement. Il développe donc une technique éprouvée. C'est là aussi qu'il apprend à modeler – ce qui lui plaît énormément – et à peindre.
Il s'agit donc de la formation d'un artiste-artisan polyvalent, capable de travailler dans des contextes très variés. Ensuite, il tente le concours d'entrée à l'École des beaux-arts. Il est reçu en dessin, mais pas en sculpture. Ayant échoué trois fois dans cette discipline, il ne peut plus tenter sa chance et se met donc à travailler. Très peu de traces subsistent de cette période autour de 1860, mais il a eu une activité très diversifiée comme beaucoup d'artistes de l'époque en travaillant pour des orfèvres ou des fabricants de mobilier.
En 1864, il entre dans l'atelier de Carrier-Belleuse où ses talents de modeleur sont mis à contribution pour la production de terres cuites, dans le goût gracieux et élégant inspiré du XVIIIe siècle, avec beaucoup de groupes de femmes et d'enfants, d'angelots… Il donne des modèles pour le décor de la façade du théâtre des Gobelins à Paris qui existe toujours.
Il s'agit d'un des rares exemples connus de décor architectural de Rodin encore en place à Paris. En 1871, il quitte Paris, où, à cause de la guerre de 1870 et des prémices de la Commune, la situation est difficile pour les artistes. Carrier-Belleuse est appelé à Bruxelles,

La Porte de l'Enfer, vers 1880-1890, bronze (fonte Alexis Rudier, 1928), 635 x 400 x 85 cm.

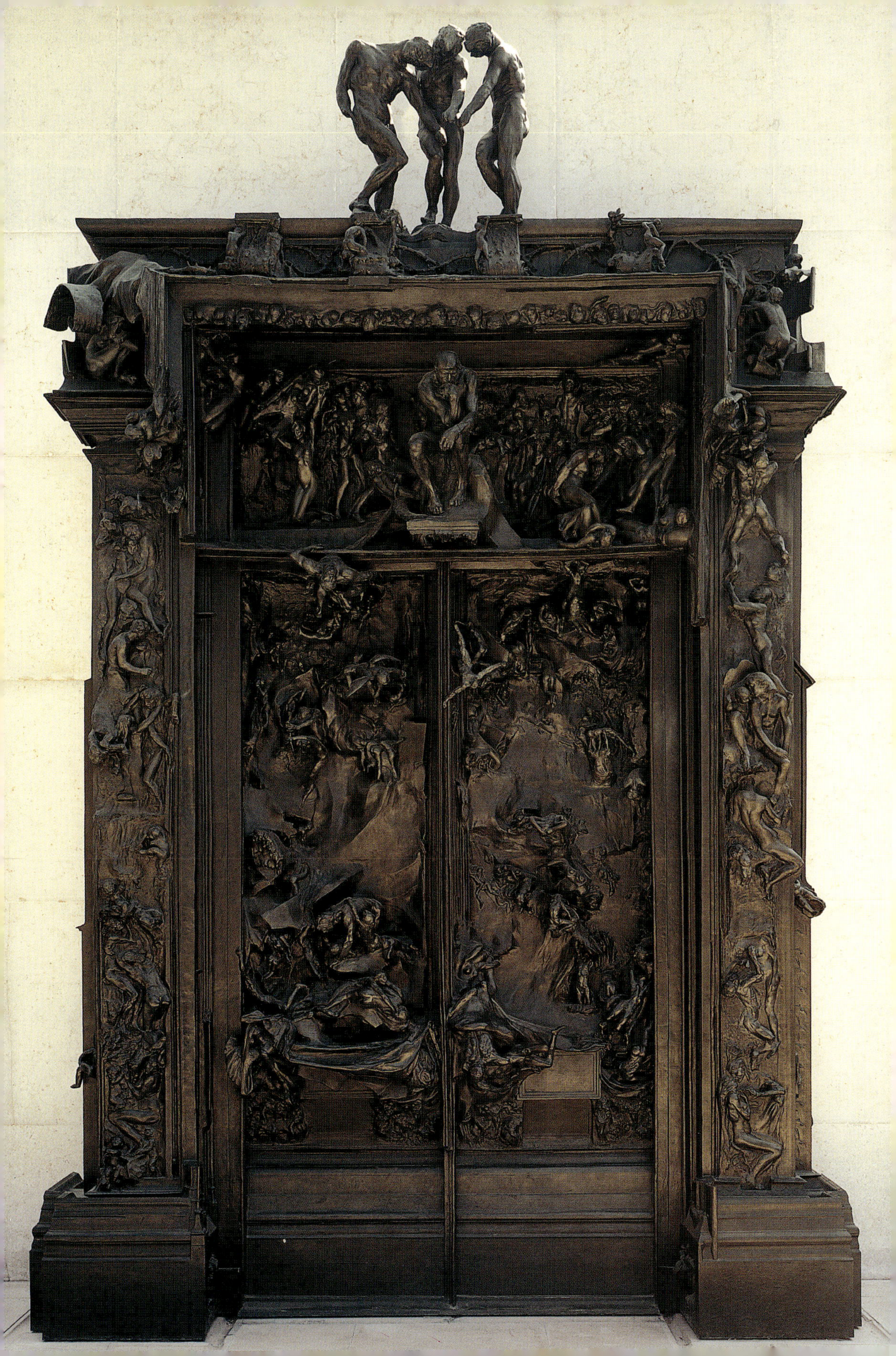

ville qui détruit ses fortifications et développe ses boulevards. Il demande à Rodin de le rejoindre. Les deux hommes se brouillent parce que Rodin veut vendre sous son nom des objets qu'il crée dans l'atelier de Carrier-Belleuse. Il s'installe alors à son compte et s'associe à différents sculpteurs. Dans le même temps, il produit des petits bustes ou des petits groupes en terre cuite décoratifs dans le goût de Carrier-Belleuse, parce que c'est rapide à produire et que cela se vend. Il s'agit de groupes créés par l'assemblage de figures sorties d'un même moule. Cela lui permet de décliner et de composer rapidement une grande variété de petites sculptures sans avoir à remodeler totalement.

Rodin a également livré des décors de façades.

À Bruxelles, comme dans le Paris d'Haussmann, les constructions se multiplient. Le travail des sculpteurs se fait parfois un peu à la chaîne. Certaines décorations sont réalisées en stuc et non en pierre. C'est un art de la suggestion. En 1879, Rodin s'adresse à la Ville de Paris pour participer au décor de la façade de l'Hôtel de Ville. Il se présente comme un employé de la Manufacture de Sèvres qui sollicite la commande d'une figure mais, à défaut, il signale qu'il acceptera de produire des mascarons ou tout autre partie décorative de la façade. Grâce à l'appui de Carrier-Belleuse, entre autres, il obtient la commande de la statue de D'Alembert. Il produit d'abord une petite cire, puis un modèle à demi-grandeur qui est validé et qu'il confie ensuite à un praticien, pour la réalisation de la pierre à grande échelle qui se trouve encore sur la façade de l'Hôtel de Ville. Entre le temps de la commande et le temps de livraison, il s'est écoulé trois ans. Les sculpteurs sont tributaires de ces longs délais nécessaires à la réalisation de leurs grandes œuvres.

Qu'est-ce que la fréquentation d'un atelier comme celui de Carrier-Belleuse a pu lui apporter?

C'était un atelier très hiérarchisé, où chacun avait une place définie: l'un modelait les femmes, un autre, les enfants, un troisième, plutôt les ornements... Nous n'avons pas de témoignage direct du rôle de Rodin. L'atelier produisait beaucoup grâce à une organisation sans faille. Rodin y a certainement appris la répartition des tâches, la nécessité pour un sculpteur un peu ambitieux de confier une partie du travail à des assistants, à des mouleurs, à des praticiens... Tout ce qui fait la réalité du métier de sculpteur.

Que va retenir Rodin de sa pratique d'ornemaniste?

Il a pu se familiariser avec des techniques telle que l'assemblage. Il faut insister sur ce point: l'assemblage, qui peut être rapproché du collage de la peinture moderne, renvoie à une pratique très concrète, issue de la tradition des ateliers, qui consiste à créer des motifs, puis à les faire varier et à les combiner pour créer de nouvelles formes. Cette pratique, Rodin l'a faite sienne, et il lui donnera, au fil du temps, une dimension très personnelle et plus moderne.

Carrier-Belleuse a été déterminant dans la carrière de Rodin. C'est à sa demande qu'il a collaboré avec la Manufacture de Sèvres?

Carrier-Belleuse a été nommé directeur des travaux d'art, c'est-à-dire en quelque sorte directeur artistique de la Manufacture de Sèvres en 1875, avec pour mission de rénover la production en matière de vases notamment. Il a donc dessiné des formes plus simples, modernes, notamment celle du vase Saïgon. Pour ces formes nouvelles, il a eu besoin de nouveaux types de décors, et pour concevoir ceux-ci, de nouveaux décorateurs. Début 1879, il négocie avec la direction de la Manufacture pour en embaucher quatre à l'essai que lui-même recommande. Parmi eux, on compte Rodin, qui reçoit un salaire plus élevé que les autres et bénéficie de conditions de travail plus souples. Pour Sèvres, Rodin expérimente: Carrier-Belleuse lui demande de créer un nouveau type de décor en gravure, qu'il combine avec la technique de la pâte rapportée, qui consiste à poser au pinceau des couches de pâte liquide sur la surface du vase cru – et puis le talent, la perfection de son dessin. Cette collaboration s'étend de 1879 à 1882, avec en point d'orgue les deux seaux de Pompéi, *le Jour* et *la Nuit*. Au début de 1883, Rodin n'apparaît plus sur les registres de la Manufacture, mais il a continué à travailler pour elle depuis son atelier, pour quelques vases qui sont probablement restés inachevés. En 1887, il a été à nouveau sollicité,

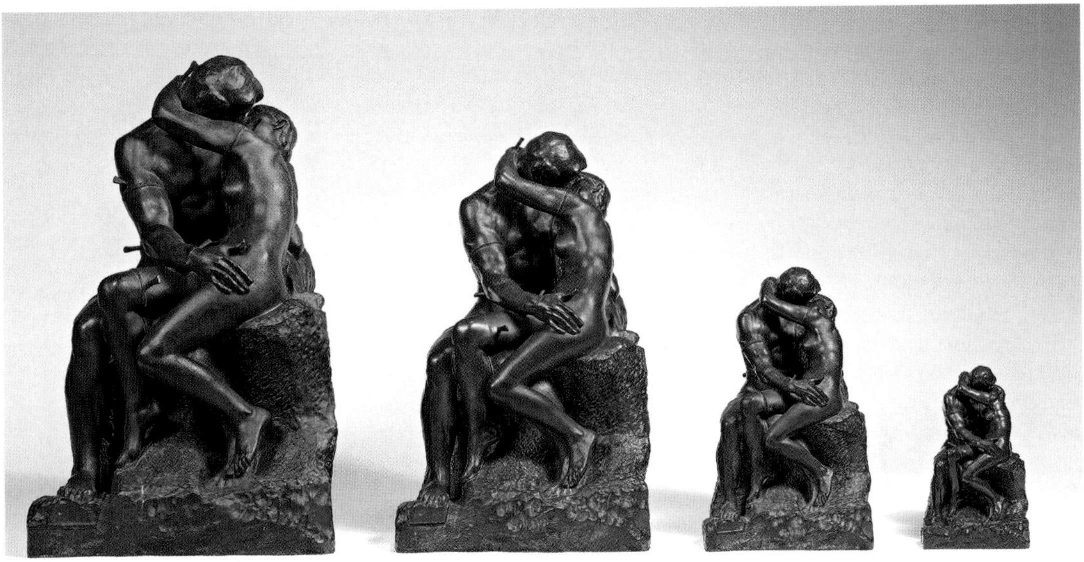

Le Baiser, réduction n° 1, chef-modèle, 1898, bronze (fonte au sable, Barbedienne, 1898), 71,1 x 42,5 x 45 cm. *Le Baiser*, réduction n° 4, chef-modèle, 1904, bronze (fonte au sable, Barbedienne, 1904), 60,2 x 36,8 x 47 cm. *Le Baiser*, réduction n° 3, chef-modèle, 1901, bronze (fonte au sable, Barbedienne, 1901), 40 x 24,5 x 25,5 cm. *Le Baiser*, réduction n° 2, chef-modèle, 1899, bronze (fonte au sable, Barbedienne, 1899), 25,7 x 15,9 x 15,7 cm.

mais entre-temps, il était devenu assez célèbre et donc n'était plus un simple décorateur parmi d'autres. Ce sont des modèles de vases d'édition qui lui ont été commandés, et non plus des pièces uniques, minutieusement décorées au fil d'heures de travail. Finalement ces modèles ont été produits à l'extrême fin du XIXe siècle, et on en trouve sur le marché encore aujourd'hui car la Manufacture continue à en éditer.

Peut-on établir une distinction – comme la font beaucoup – entre ses premiers travaux considérés comme une production d'artisan et ses sculptures?

Je ne pense pas. Ce qui est intéressant, c'est de voir comment un créateur, peu importe qu'on le considère artisan ou artiste, se constitue un répertoire de motifs qu'il retravaille notamment par le dessin et qu'il réutilise ensuite dans des techniques et à des finalités diverses. Encore une fois, les liens entre les décors pour Sèvres et *la Porte de l'Enfer* sont exemplaires: Rodin se sert des mêmes motifs, et doit faire preuve de qualités équivalentes pour les traduire dans des matériaux différents. Dans un cas évidemment, on peut parler d'art appliqué, puisqu'il s'agit d'exécuter un objet usuel (vase ou plat), et dans l'autre, de sculpture «pure» destinée à être exposée. Il n'empêche que *la Porte de l'Enfer* est bien à l'origine une œuvre décorative, destinée à orner la façade du musée des Arts décoratifs en projet à l'époque.

La Porte de l'Enfer était destinée à être une vraie porte.

Tout à fait. À l'origine, Rodin a reçu la commande d'une «porte décorative» ornée de «bas-reliefs figurant *la Divine Comédie* de Dante». Rodin s'en empare et en fait quelque chose de beaucoup plus important et de plus ambitieux. Il force en quelque sorte la main au commanditaire pour imposer un projet qui dépasse la commande initiale. Elle devient véritablement un objet autonome, pour lequel Rodin met à profit toutes les techniques qu'il a acquises. Cette œuvre constitue un réservoir dans lequel il puisera des motifs, des figures, ou des groupes qu'il réutilise et transforme en sculptures «pures», comme *le Penseur* par exemple.

Le répertoire utilisé pour la Porte de l'Enfer est donc essentiel pour mieux comprendre l'activité créative de Rodin?

Oui, on voit nettement des utilisations parallèles

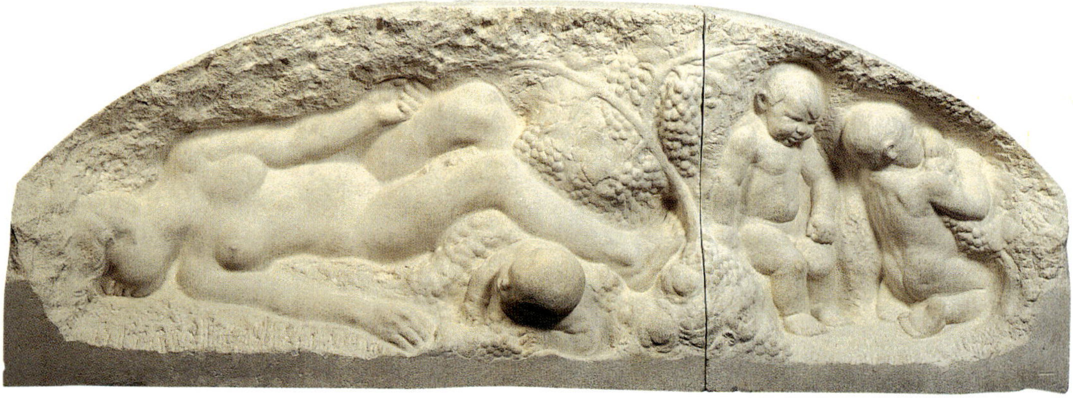

L'Automne, 1904, pierre de l'Estaillade, 82 x 234 x 45 cm, commande du baron Joseph Vitta.

qui apparaissent, des motifs qui évoluent, qui sont repris, parfois vingt ans après leur création. Il s'agit vraiment d'un art qui se développe, qui possède de nombreuses ramifications, un motif étant toujours susceptible de connaître une nouvelle évolution et une nouvelle expression. L'art de Rodin est toujours vivant. Il se refuse à lui donner un point final.

Dans quel contexte est produite la Porte de l'Enfer ?

Rodin bénéficie de circonstances politiques très favorables. Les républicains arrivent au pouvoir à la fin de 1879. Ils passent des commandes à des artistes afin de célébrer la République. Le projet du musée des Arts décoratifs a pour ambition de proposer aux cadres de l'industrie, aux ouvriers et aux artistes des exemples et des modèles à suivre pour développer la création artistique et industrielle en France. Le sous-secrétaire d'État aux Beaux-Arts demande à Rodin un projet de porte relativement modeste, pour 8000 francs ; il s'agit d'un montant certes important pour un artiste qui manque d'argent, mais qui ne correspond pas à celui d'une grande commande. Celle-ci n'est même pas publique, les journaux n'en font état qu'à la fin de l'année 1881. Rodin est alors âgé de 40 ans, il a hâte d'être reconnu. Il se met à modeler et à dessiner avec passion. C'est probablement lui qui choisit le sujet de *la Divine Comédie* de Dante. Il se plonge dans *l'Enfer* à corps perdu et en tire des visions très personnelles. Il s'attache à certains sujets, comme l'histoire de Paolo et Francesca utilisée dans la conception du *Baiser*, comme l'histoire d'Ugolin qui devient un des groupes majeurs de *la Porte*. Il prévoit une image de Dante, le poète, le créateur, qui devient *le Penseur*. Il crée plusieurs maquettes qui représentent sa vision de l'ensemble, et demande régulièrement des subsides à l'État pour continuer. Autour de 1884-1885, il a suffisamment avancé son travail pour qu'une fonte soit envisagée. Finalement, elle n'est pas faite. En 1888, le projet d'installer le musée des Arts décoratifs dans les ruines de la Cour des comptes, à l'emplacement de l'actuel musée d'Orsay, est définitivement abandonné. On repousse à plus tard son installation dans un autre bâtiment, qui sera finalement une des ailes du palais du Louvre. La commande de la porte à Rodin n'a plus de caractère d'urgence et donc il y travaille beaucoup moins. Une alternative pour lui est de la proposer à l'Exposition universelle de 1889, mais il ne parvient pas à la terminer à temps. Ce grand chef-d'œuvre ne sera exposé qu'une fois de son vivant, lors de sa grande exposition en 1900, mais sous la forme d'un plâtre incomplet.

Qu'en est-il des commandes des collectionneurs privés ?

Rodin expose régulièrement, notamment les œuvres tirées de *la Porte de l'Enfer*.

Des collectionneurs commencent à s'intéresser à lui, parmi lesquels Maurice Fenaille. Il commande plusieurs œuvres pour le décor de la façade d'une villa, par exemple un petit groupe d'enfants pour l'angle de la rampe d'escalier, un petit bas-relief représentant une sirène utilisé comme base de colonne de la façade de la villa, ou encore un groupe que l'on appelle *les Gardiens du nom*, deux génies qui semblent sortis de *la Porte de l'Enfer* et qui tiennent un cartouche sur lequel sont placées la dédicace et la signature de l'architecte et du sculpteur. Par ailleurs, Fenaille achète beaucoup de dessins de Rodin, ces dessins dits «noirs» en raison de leur style et de leur inspiration très sombres. Il finance même la publication d'un superbe ouvrage où plus d'une centaine de ces dessins sont reproduits. Pour Vitta, la situation est un peu différente, il s'agit d'un esthète qui commande à Rodin de grandes sculptures décoratives: deux tympans et deux jardinières pour le vestibule de sa villa. Les titres de ces œuvres, comme presque toujours chez Rodin, n'ont que peu d'intérêt: les jardinières représentent la moisson et les vendanges, les tympans représentent l'automne et le printemps, l'hiver et l'été. Ce sont des thèmes assez communs, que l'on trouve habituellement dans le décor des salles à manger. Dans les maquettes qu'il façonne personnellement, Rodin ne fait apparaître aucun attribut qui permet de reconnaître que telle figure représente l'été et telle autre le printemps. cela ne l'intéresse pas au fond. Ce n'est que lorsqu'il confie la taille à un praticien qu'il demande à ce dernier de rajouter ici des fleurs et là des fruits qui transforment ces corps en allégories de l'automne et du printemps. Ce qui est important pour Rodin, c'est encore une fois la forme et le motif... Dans toute son œuvre, ce qui l'intéresse avant tout, c'est le corps. L'expression passe davantage par le corps que par le visage.

Quelle est la situation de Rodin à la fin de sa carrière?

Disons qu'il est totalement dégagé de certaines contingences. Dès les années 1890, il peut multiplier les essais, par exemple avec le grès. Il les poursuit dans les années 1900, avec Jeanneney en particulier, sur la pâte de verre, puis en 1910-1911 avec Jean Cros pour la pâte de verre. Il a alors les moyens de confier un modèle à un spécialiste et de financer ses recherches, sans aucun impératif de vente. Le résultat relève de la sculpture, mais avec les moyens des arts décoratifs. Il y a chez Rodin un intérêt fondamental pour les effets du hasard, pour la surprise et pour le renouvellement de la vision de son œuvre. Lorsqu'il confie un modèle à Jeanneney ou à Vachenal pour que ceux-ci réalisent des exemplaires en grès, il ne participe pas directement à la réalisation des pièces, mais il attend un résultat surprenant, original, nouveau, qu'il va faire sien. Ce sont des œuvres de Rodin, même si elles sont réalisées par d'autres. Son art n'est jamais terminé. À partir des années 1902-1903, il développe l'agrandissement de ses œuvres antérieures: c'est le cas pour *le Penseur, le Baiser* ou *la Cariatide*. Le fait d'agrandir une œuvre à des dimensions monumentales a pour effet de modifier leur aspect en gommant l'acuité des détails: la surface devient plus fluide, le contraste entre les creux et les reliefs est atténué, et Rodin considère que le résultat est plus décoratif.
Il explore aussi la réduction, notamment en réutilisant les bas-reliefs latéraux de *la Porte de l'Enfer* dont il isole des motifs auxquels il donne une nouvelle vie, par exemple sous la forme d'une médaille. À partir des œuvres anciennes, la création peut donc continuer, se renouveler, que ce soit par l'agrandissement, par la réduction, par le réassemblage, par le changement des matériaux...
L'exposition se termine sur des œuvres mystères, visiblement liées à des projets décoratifs, mais dont on ne sait rien de l'aboutissement ou de la destination. Par exemple, nous montrons un petit bas-relief qui reprend la structure du décor du salon de la Guerre à Versailles, mais où un motif tiré des dessins de Rodin remplace Louis XIV à cheval (p. 35).
Des projets décoratifs de Rodin, y compris à la fin de sa carrière, beaucoup d'éléments nous échappent parce qu'ils n'étaient pas considérés comme l'aspect le plus noble ou le plus prestigieux. Le moment était venu de s'y intéresser.

«L’art, c’est encore le goût.
C’est, sur tous les objets que façonne
un artiste, le reflet de son cœur.
C’est le sourire de l’âme humaine
sur la maison et le mobilier.»

Auguste Rodin

RÉPERTOIRE DE MOTIFS

Adam et Ève ❧ Amants

Amour ❧ Atlantes ❧ Centaures

Faunesses et sirènes ❧ Femme avec amours

Femme-vase ❧ Je suis belle

La Martyre ❧ Les Métamorphoses d'Ovide

La Pleureuse ❧ Vaine Tendresse

Adam et Ève

À l'origine destinés à encadrer *la Porte de l'Enfer*, *Adam* et *Ève* ont été exposés de façon autonome. En 1912, Rodin décide de les réutiliser pour la cheminée commandée par Matías Errázuriz. Plusieurs esquisses en terre cuite et en plâtre ont sans doute été réalisées par les assistants de Rodin, jusqu'à l'étape de la fonte, avant que le commanditaire ne renonce, faute de moyens, à la faire tailler dans la pierre. Entre les années 1880 et 1912, le style a changé : l'influence de Michel-Ange et de la Renaissance italienne est moins visible, les corps sont plus longilignes, les formes plus calmes et les poses plus complexes.

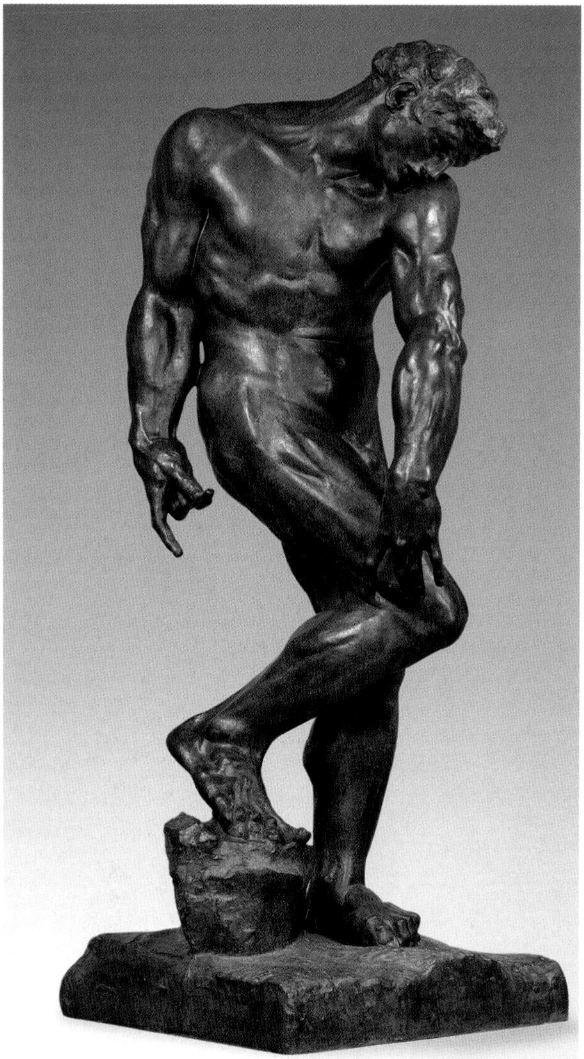

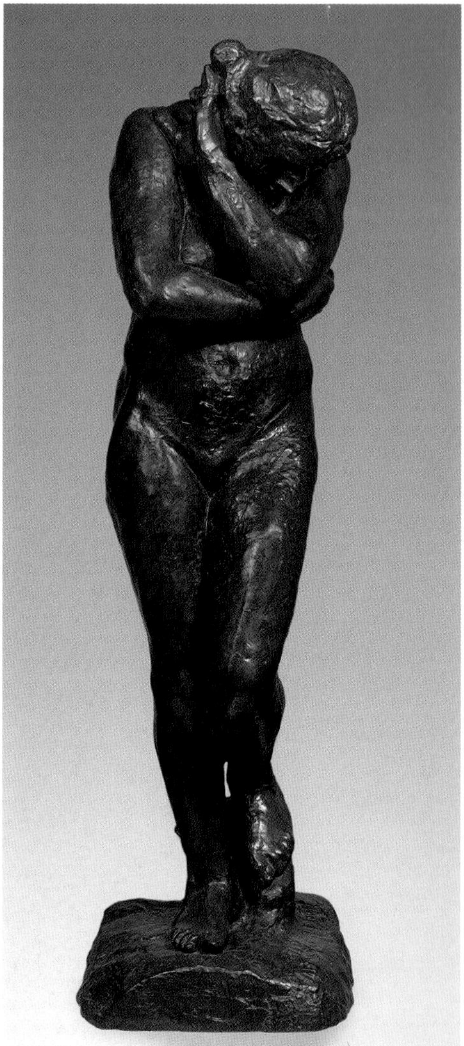

«Honteuse de la faute, courbée sous la terreur, obscurément angoissée moins par le remords du péché que par l'idée d'avoir créé des êtres pour la douleur future, Ève est un bronze d'aspect formidable et Rodin y est tout entier.»

Camille Mauclair

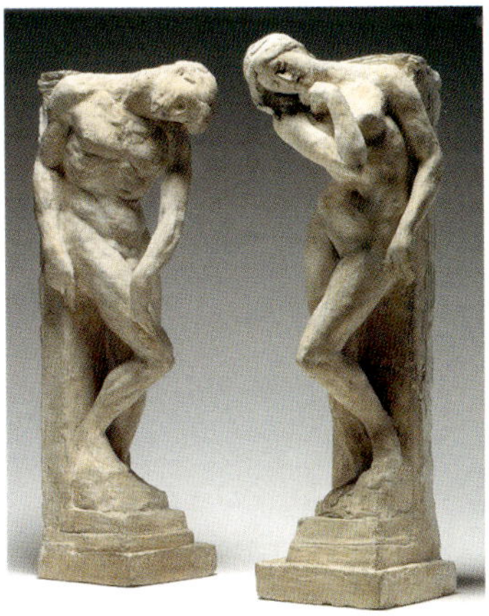

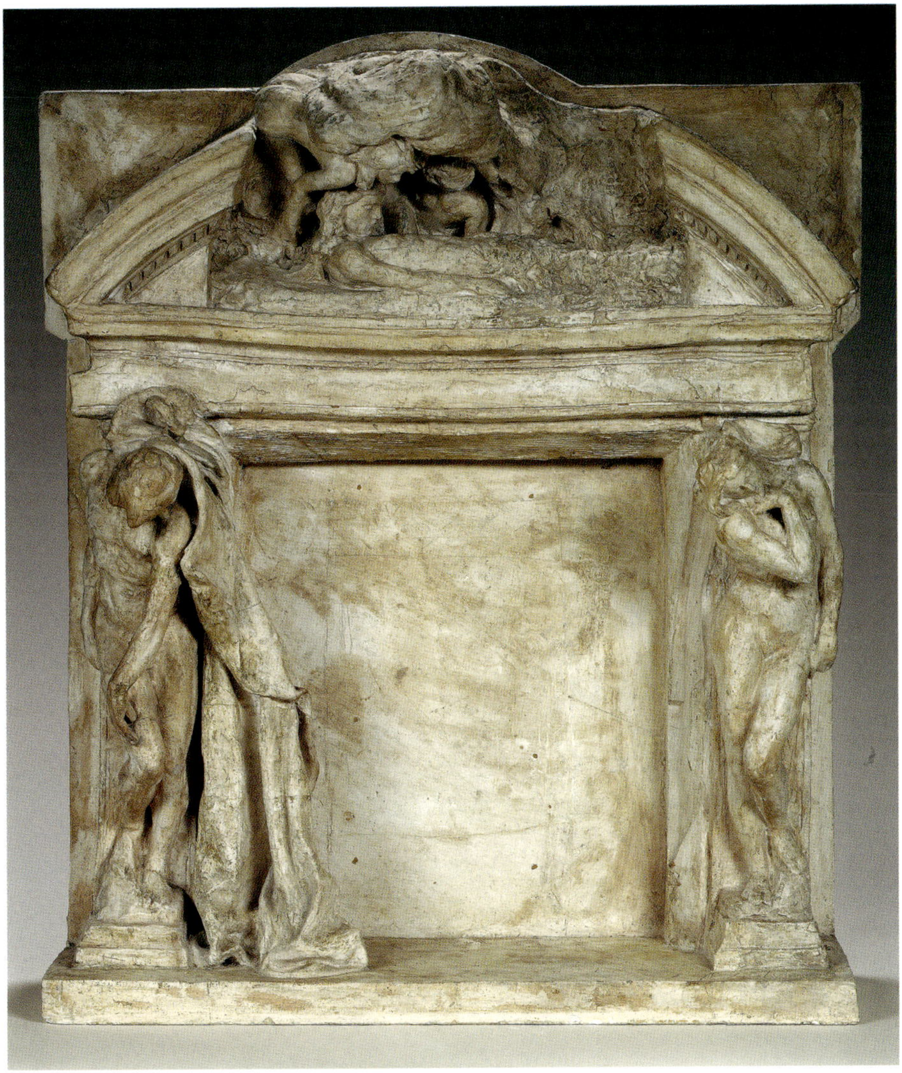

Page de gauche
Adam,
1880-1881, bronze
(fonte au sable,
Alexis Rudier, 1928),
197 x 76 x 77 cm.

Ève,
1881-1898, bronze
(fonte au sable,
Alexis Rudier,
avant 1952),
172,2 x 52 x 64,5 cm.

Ci-dessus
Adam au pilier,
étude, vers 1912,
terre cuite,
42,8 x 10,3 x 14,3 cm.

Ève au pilier,
étude, vers 1912,
terre cuite,
43,3 x 11,3 x 12,3 cm.

Ci-contre
Projet de cheminée avec Adam et Ève et La Mort du Poète,
1912-1913, plâtre
enduit d'un agent
démoulant (modèle
de fonderie utilisé
par fonte),
74,3 x 64,5 x 18,2 cm.

Amants

Le piédroit de droite de *la Porte de l'Enfer* évoque les amours maudites. C'est dans sa partie inférieure que Rodin décide d'y placer le groupe des *Amants*. Fait exceptionnel dans son travail pour *la Porte de l'Enfer* et par la suite, il en fait des dessins préparatoires dont les annotations indiquent son souhait d'en faire une ronde-bosse ou l'atmosphère littéraire qui l'a inspiré : Dante avec Paolo et Francesca, *les Contemplations* de Victor Hugo et Baudelaire. Presque vingt plus tard, il reprend *les Amants* pour en faire une plaquette autonome.

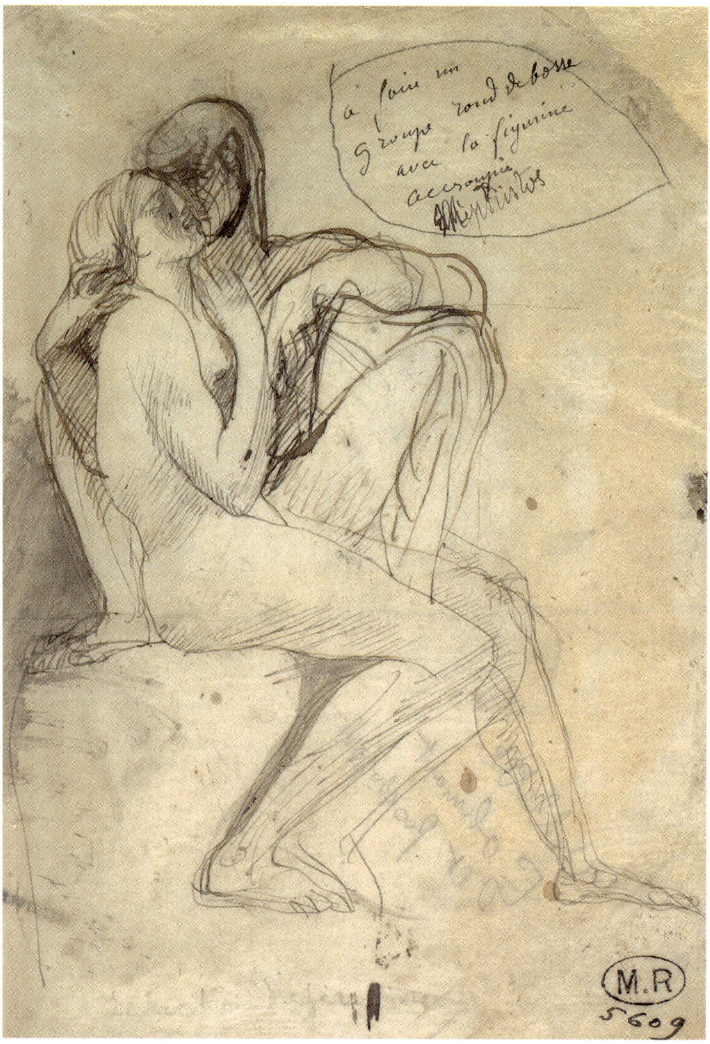

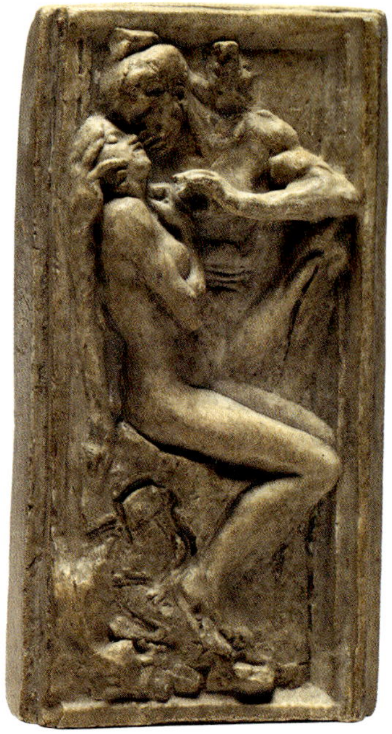

De gauche à droite

Méphisto, vers 1883-1885 ?, crayon graphite, plume et lavis d'encres sur papier calque, 16,9 x 11,5 cm.

Les Amants, vers 1902-1903 ?, plâtre enduit d'un agent démoulant, 11,6 x 6 x 1,5 cm.

Couple enlacé ou cercle des amours, vers 1880, Mine de plomb, plume et lavis brun sur papier crème collé sur un papier réglé, 16,2 x 10,2 cm.

Charles Bodmer
Piédroit de la Porte de l'Enfer (terre crue), vers 1885, épreuve gélatino-argentique, 5,7 x 26,1 cm.

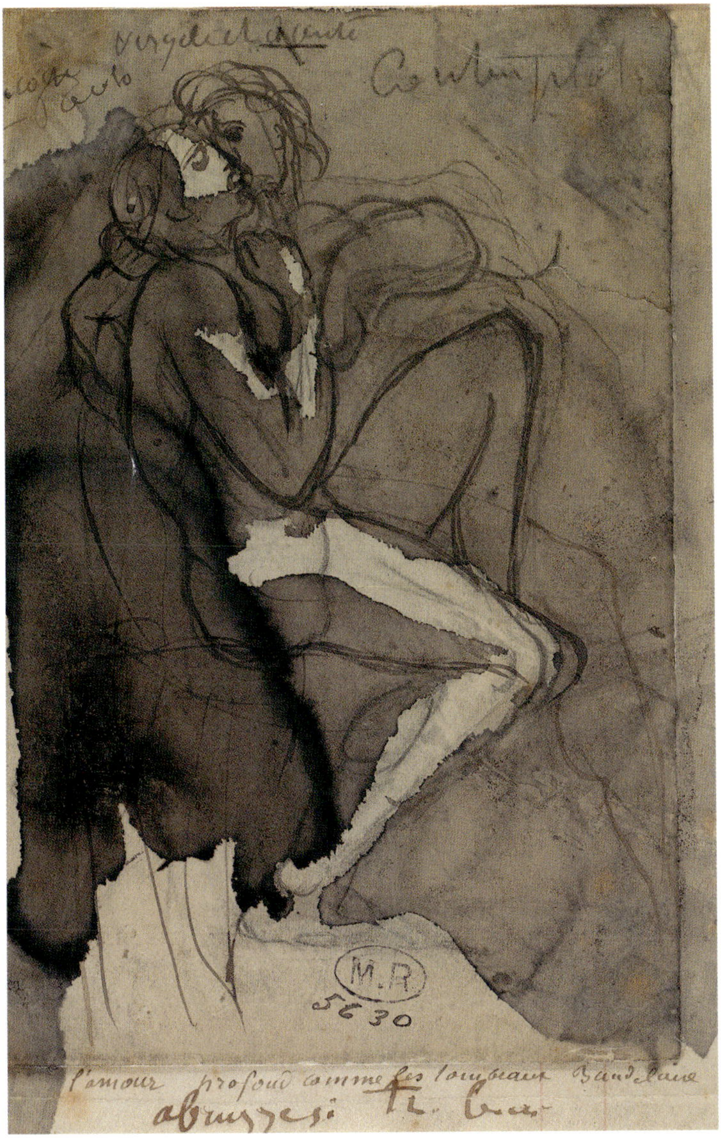
M.R
5630
l'amour profond comme les tombeaux Baudelaire

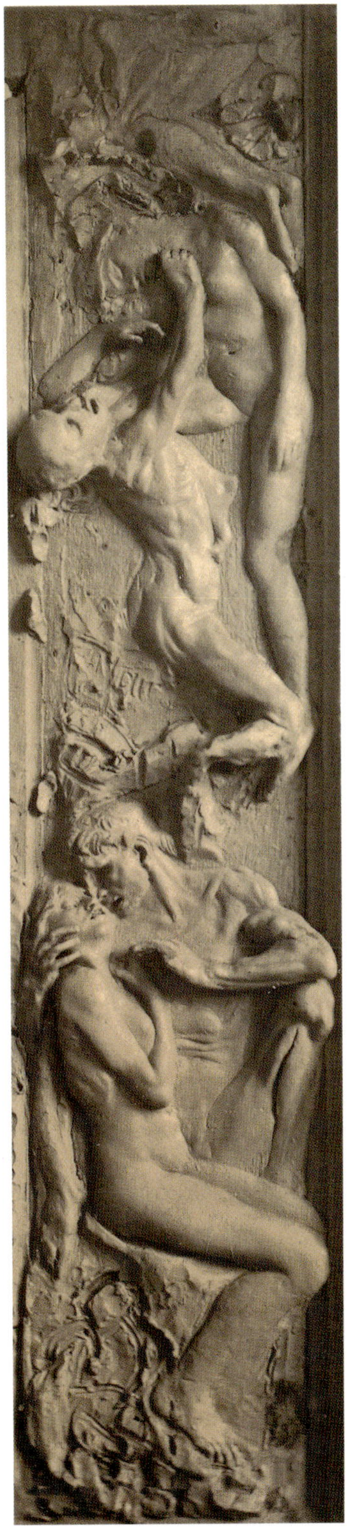

Amants

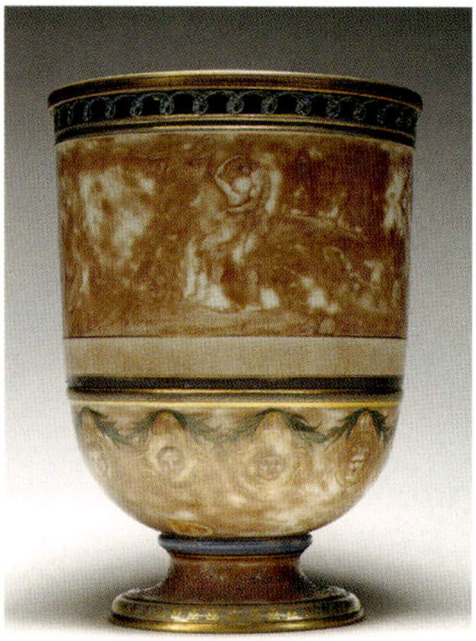

Le vase *la Nuit* et son pendant *le Jour* sont tous les deux ornés d'un programme iconographique dense et riche qui évoque probablement *le Songe d'une nuit d'été* de Shakespeare sans pour autant l'illustrer. Ils sont révélateurs des raisons pour lesquelles Carrier-Belleuse fit appel à Rodin à la Manufacture de Sèvres : «[...] comme il dessine à la perfection, le jour [où] il aura trouvé le côté pratique [...] on aura créé un nouveau genre de travail, sorte de gravure de figure sur porcelaine d'une exécution et d'un aspect très intéressant.» Après les avoir gravés dans la pâte, Rodin modèle les corps des personnages au moyen d'une pâte rapportée, technique mise au point à Sèvres vers 1850. Les rehauts blancs du dessin indiquent les endroits où la pâte sera posée sur le vase cru pour donner cet effet de bas-relief.

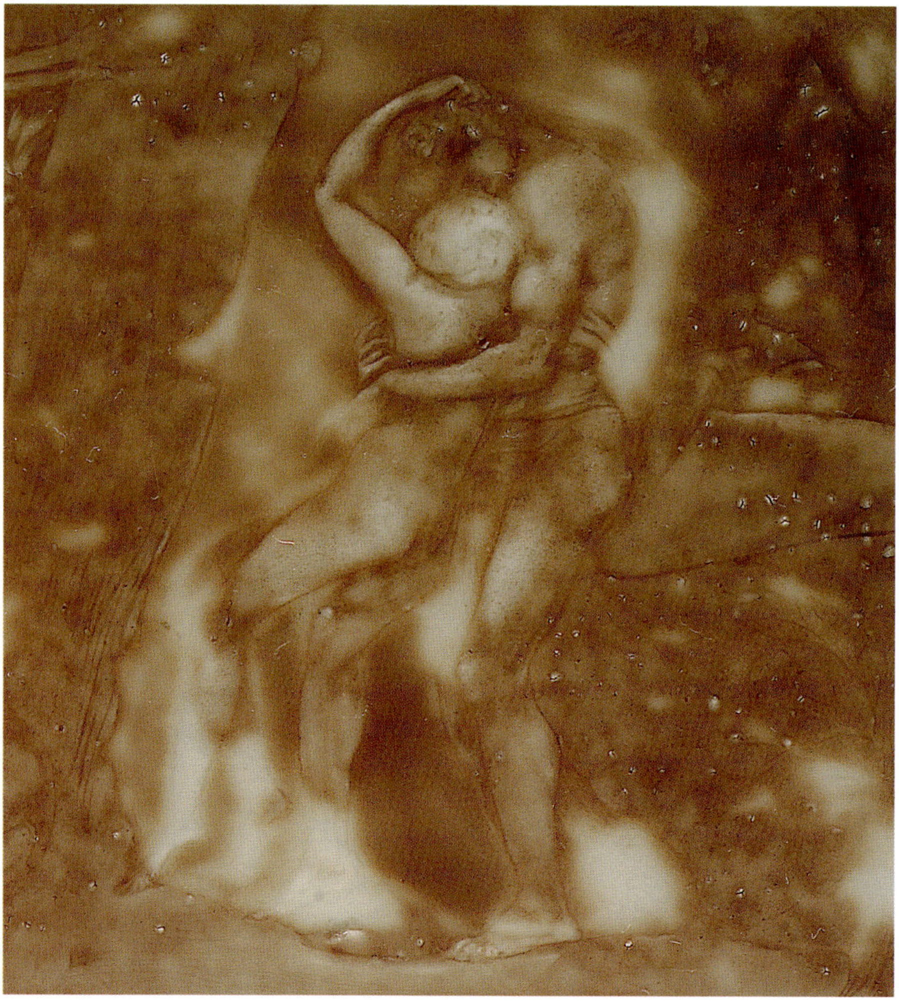

«Quatre jours seront bientôt engloutis dans la nuit, et quatre nuits auront bientôt fait couler le temps comme un songe ; et alors la lune, comme un arc d'argent nouvellement tendu dans les cieux, éclairera la nuit de nos noces.»

William Shakespeare,
Songe d'une nuit d'été

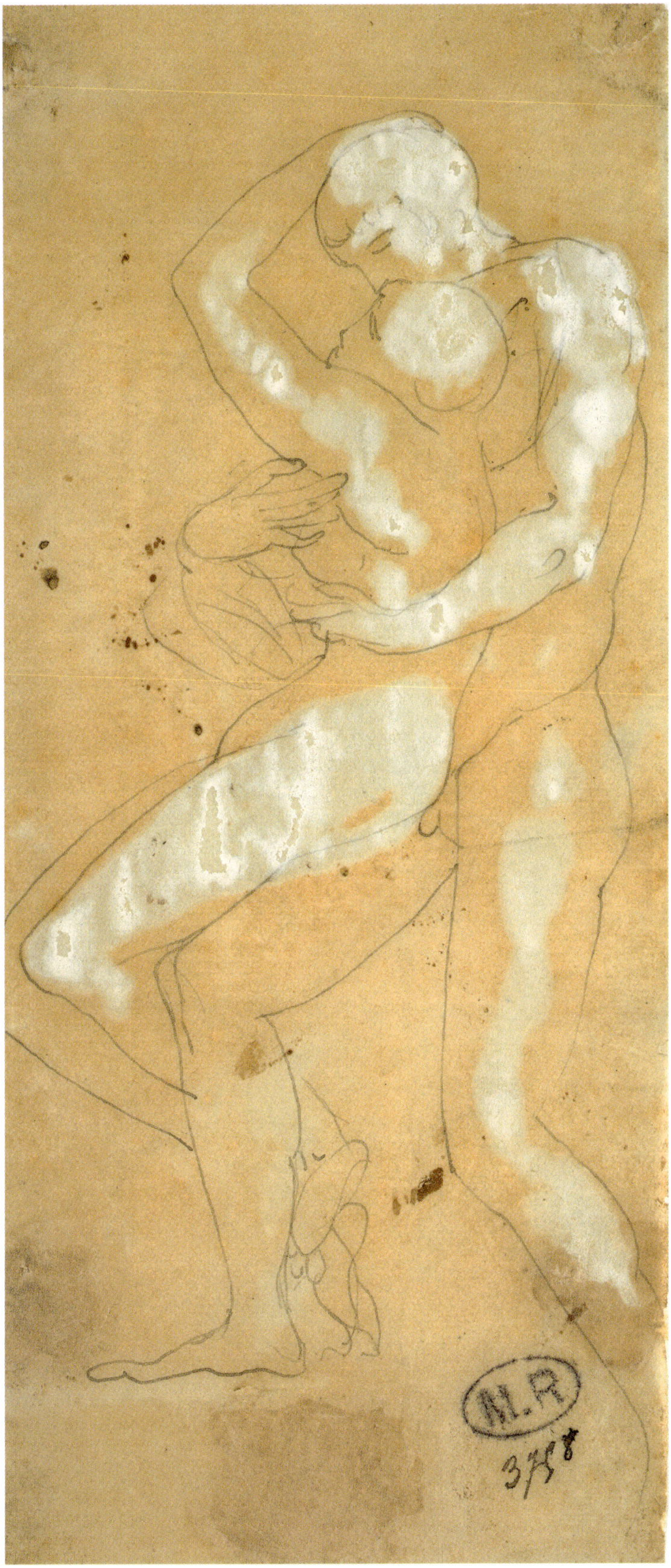

Page de gauche

Manufacture de Sèvres et Auguste Rodin, *Seau de Pompéi la Nuit*, 1882-1883, porcelaine de Sèvres, haut. 31,8 cm et détail.

Ci-contre

Ombres enlacées, couple de profil vers la gauche, vers 1881-1882, plume, encre brune et rehauts de gouache sur papier calque, 17 x 7,5 cm.

Amour

Éros, fils d'Aphrodite, est représenté sous l'aspect d'un enfant dès le Vᵉ siècle avant Jésus-Christ. Omniprésent dans les représentations mythologiques, il devient putti à la Renaissance et motif de décors par excellence. Rodin s'amuse de son côté joueur et espiègle, avec les groupes *Amour chevauchant une lionne* et, quelques années plus tard, *les Enfants assis*, qui devait décorer la rampe de l'escalier de la villa Fenaille. Mais le même enfant prend un visage plus dramatique quand il le suspend dans le vide sur un des montants de *la Porte de l'Enfer*.

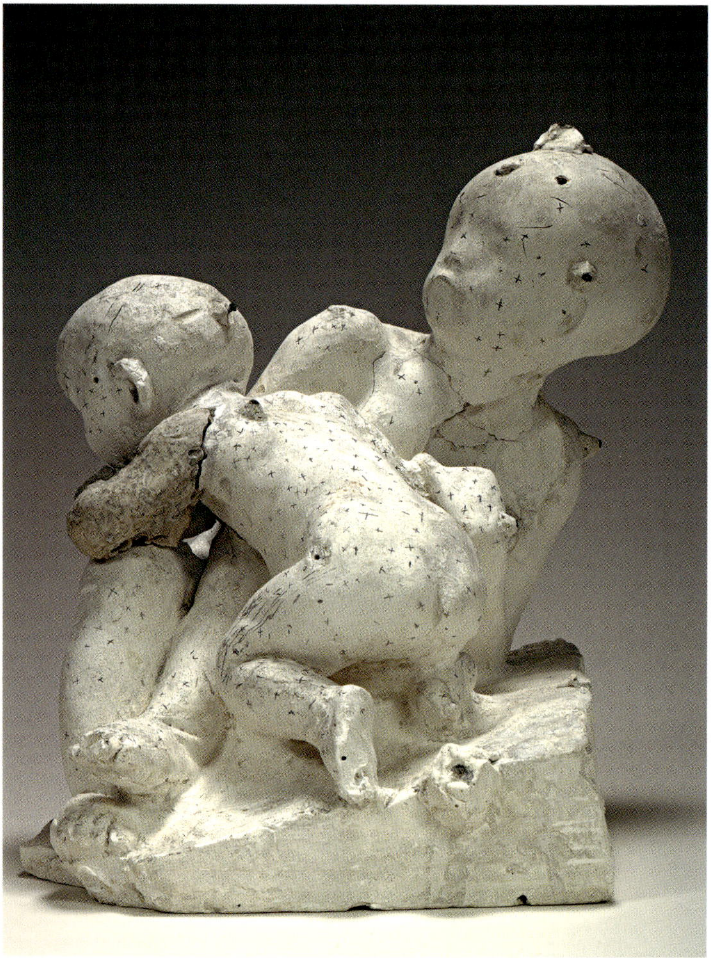

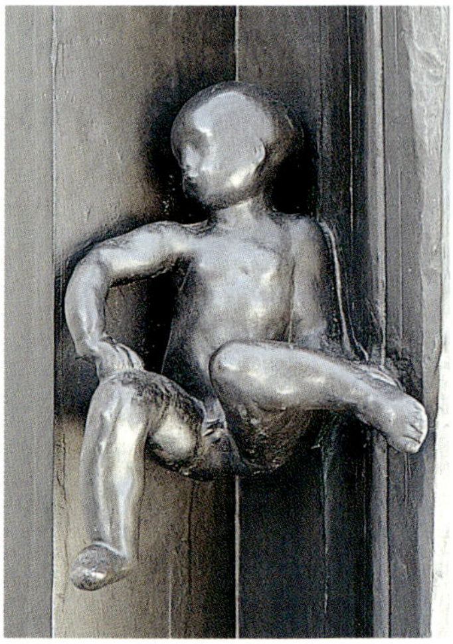

Ci-contre

Enfants assis dit Enfants Fenaille, 1886, plâtre préparé à la pâte à modeler avec repères de mise aux points, 25,9 x 22 x 21,6 cm.

Ci-dessus

Détail de *la Porte de l'Enfer*.

Page de droite

Amour chevauchant une lionne, vers 1877, terre cuite, 36 x 31 x 21,5 cm.

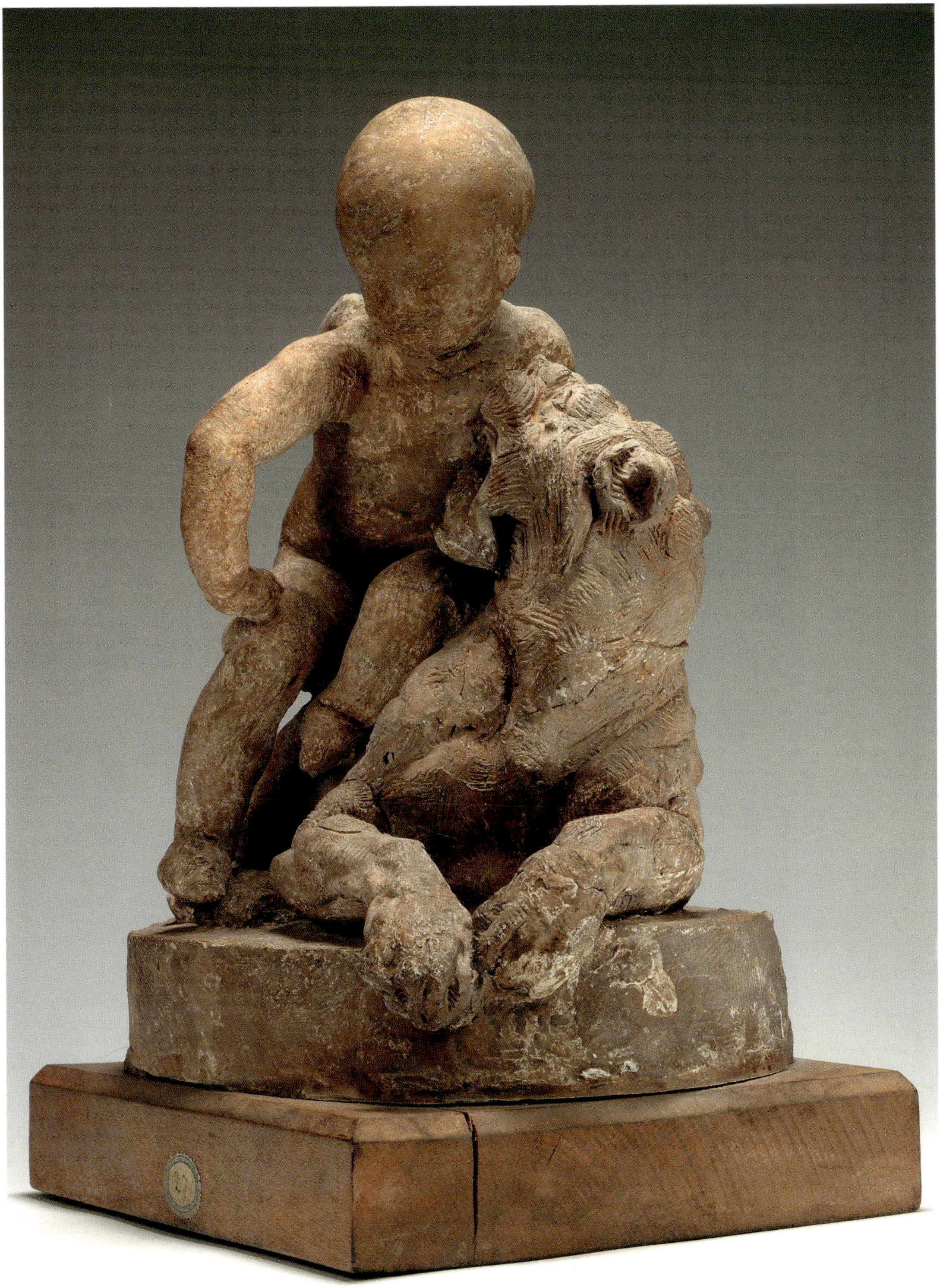

Amour

À la pureté et à la sobriété de la forme du vase Saïgon créé par Carrier-Belleuse, répond le décor de Rodin qui associe les traditionnels amours à une manière plus japonisante nettement visible dans le traitement des roseaux. Le vase, en pâte rose est recouvert d'un engobe blanc. Le décor apparaît après enlèvement ou grattage de cet engobe, les parties les plus claires étant reprises au pinceau avec de la pâte rapportée.

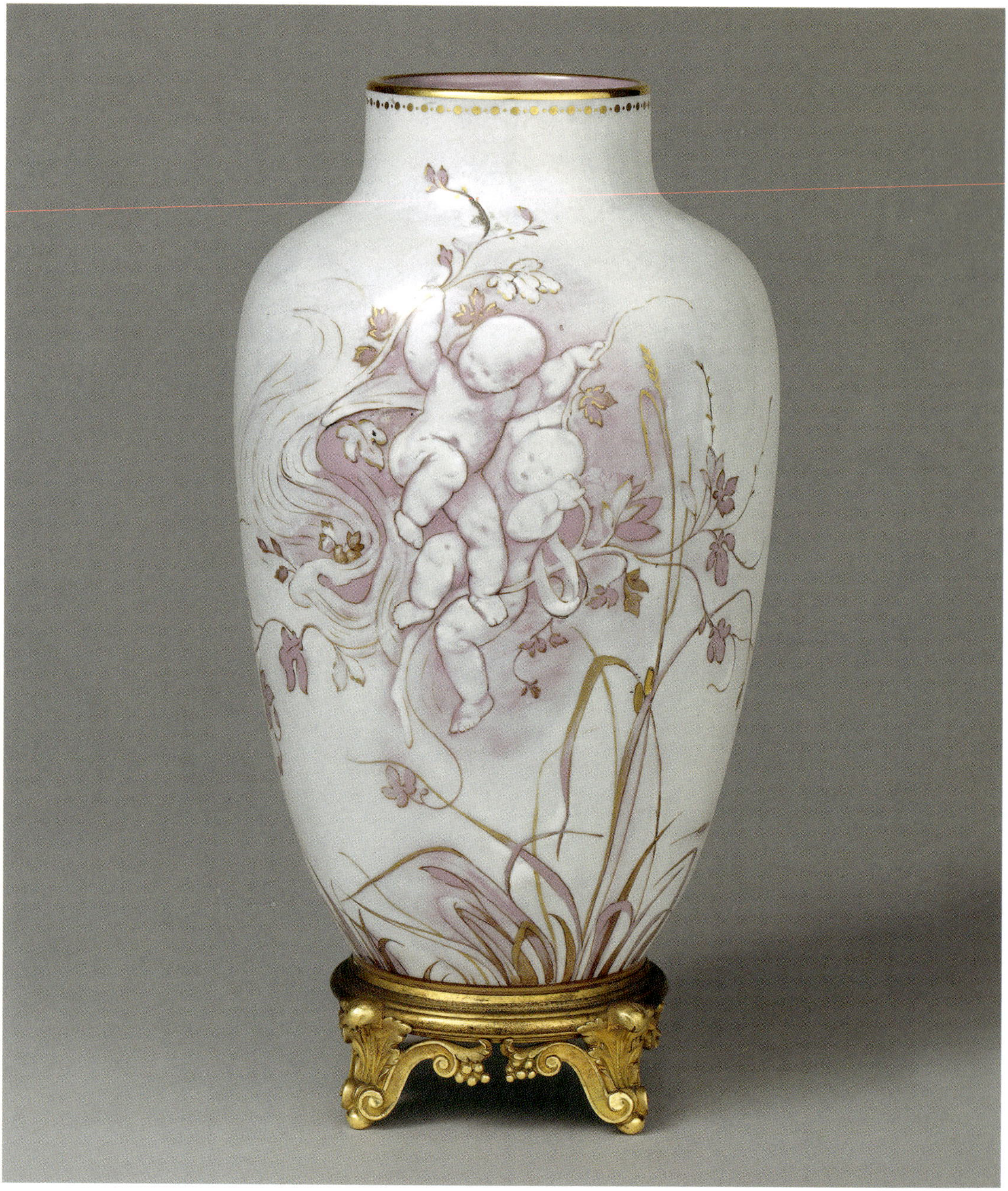

Manufacture de Sèvres et Auguste Rodin
Vase Saïgon Les Éléments,
1879-1880, porcelaine dure, haut. 19 cm,
musée national de la Céramique, Sèvres.

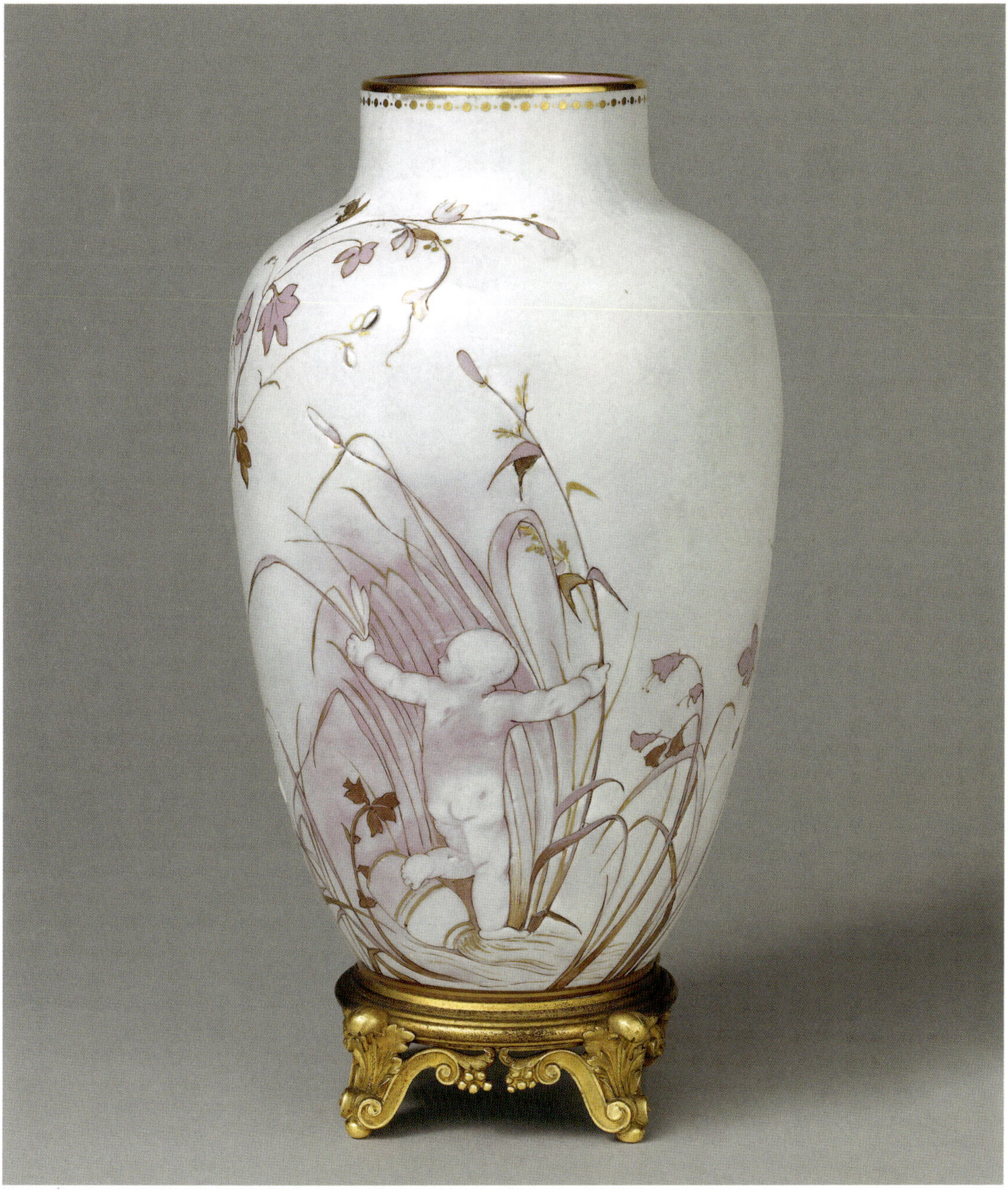

Atlantes

Modelés par Rodin selon le dessin de Carrier-Belleuse, les quatre titans du piédestal révèlent son admiration pour Michel-Ange de par la puissance qu'il leur a insufflée. L'influence du sculpteur italien est également visible sur *les Atlantes* de l'actuel boulevard Anspach à Bruxelles, qui ornaient la façade d'un immeuble construit entre 1872 et 1874 par l'architecte Henry Rieck.

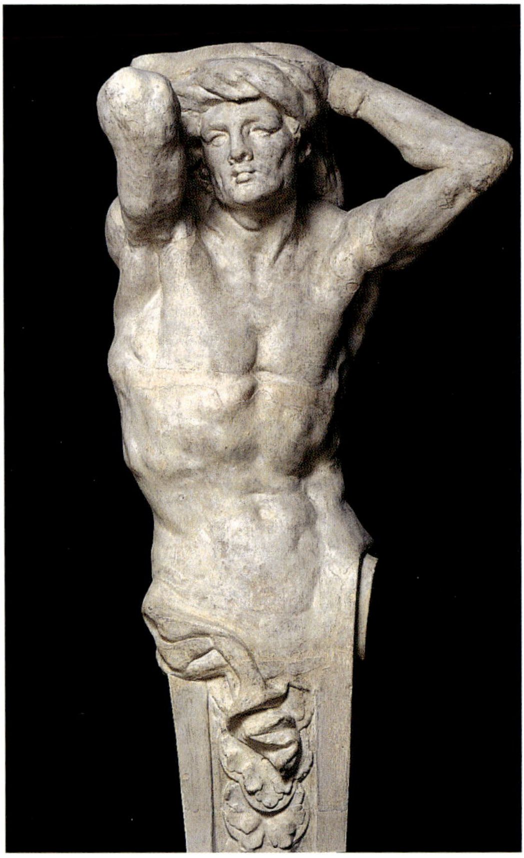

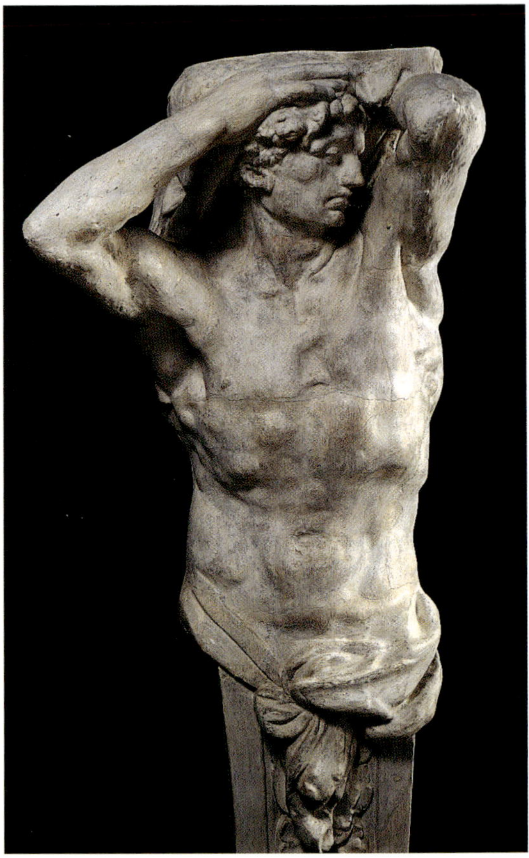

Atlante dit du boulevard Anspach, vers 1874, stuc peint, 160 x 78,5 x 66 cm.
Atlante dit du boulevard Anspach, vers 1874, stuc peint, 161,5 x 76,3 x 69 cm.

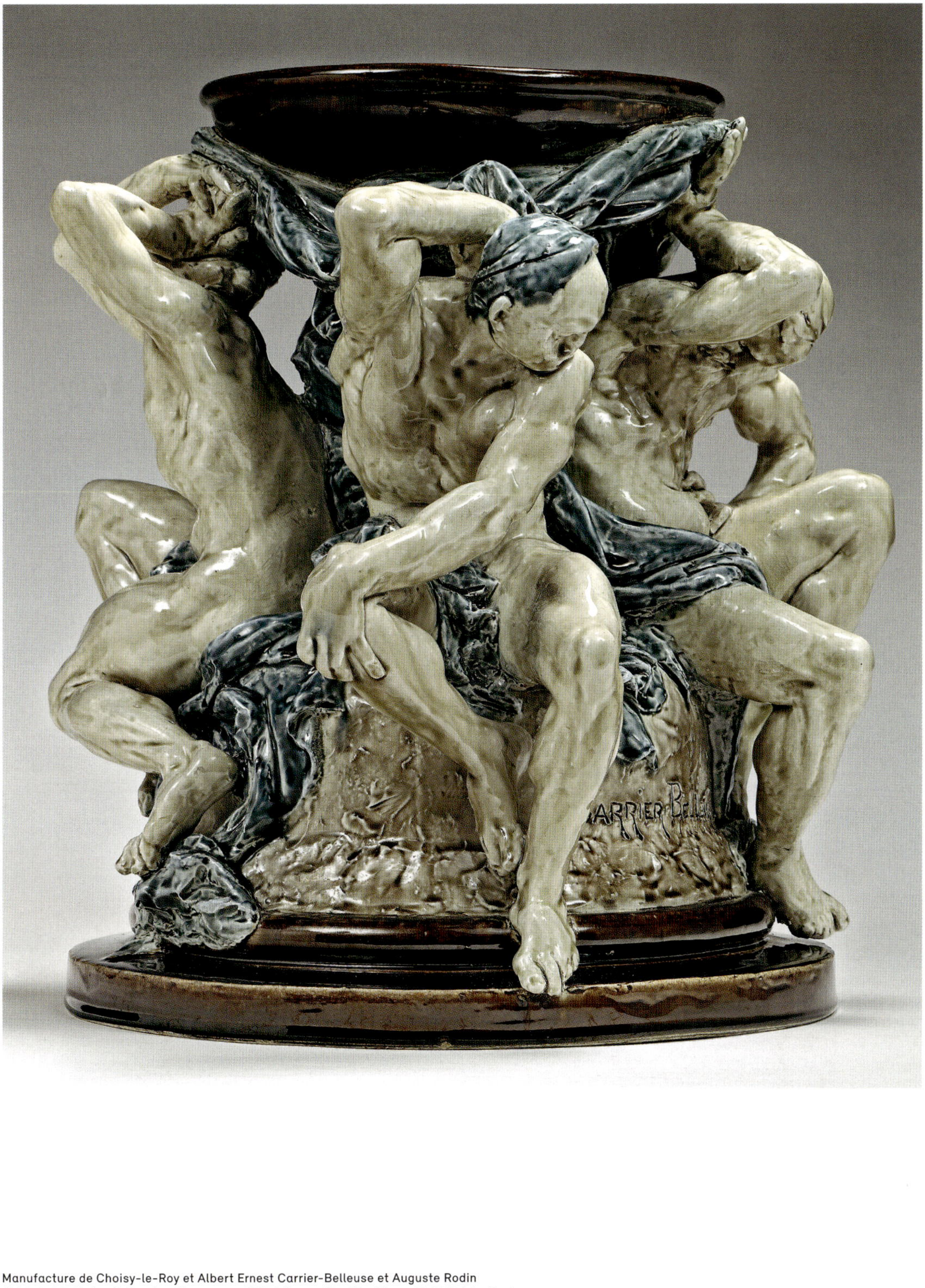

Manufacture de Choisy-le-Roy et Albert Ernest Carrier-Belleuse et Auguste Rodin
Piédestal de la Jardinière des Titans, vers 1877, faïence, 71 x 45 x 45 cm, Petit Palais, Paris.

Centaures

Mi-homme, mi-animal, associé à la violence et à la bestialité depuis l'Antiquité, le centaure représente une des créatures infernales dans *la Divine Comédie* de Dante. Rodin transpose ceux placés au bas des vantaux de *la Porte de l'Enfer* sur le modèle d'un vase Saïgon qui lui est commandé pour être édité en plusieurs exemplaires. Il exploitera également ce thème sur le seau de Pompéi *la Nuit*, deux ans plus tard.

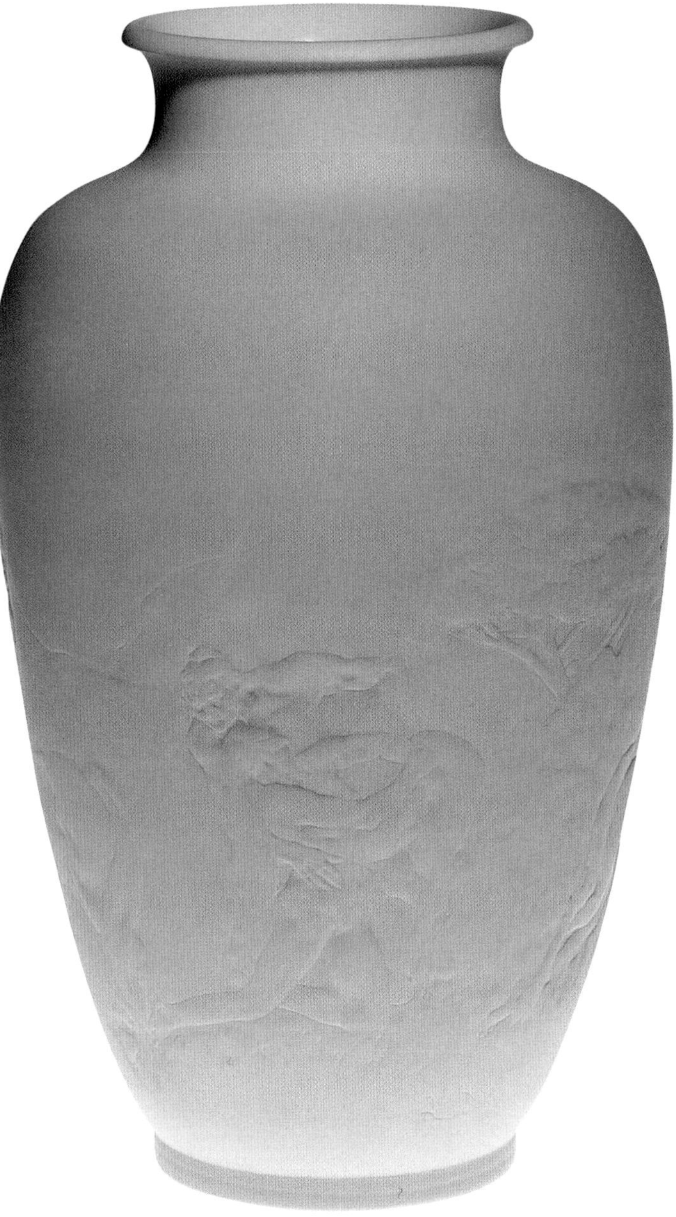

Ci-contre
Manufacture de Sèvres et Auguste Rodin,
Vase Saïgon les Centaures,
vers 1891-1892,
porcelaine nouvelle,
palais des Beaux-Arts, Lille.

Page de droite
Manufacture de Sèvres et Auguste Rodin,
Seau de Pompéi la Nuit,
porcelaine de Sèvres,
haut. 31,8 cm et détail.

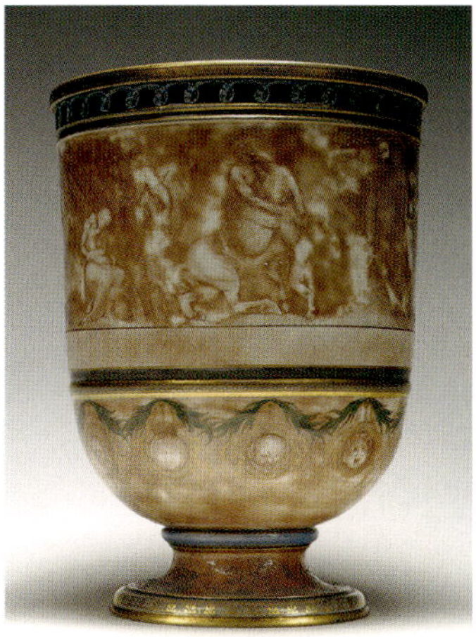

«Entre cette fosse et le pied du talus, des Centaures armés de flèches couraient à la file, comme de leur vivant ils avaient coutume d'aller à la chasse.»

Dante, *La Divine Comédie*

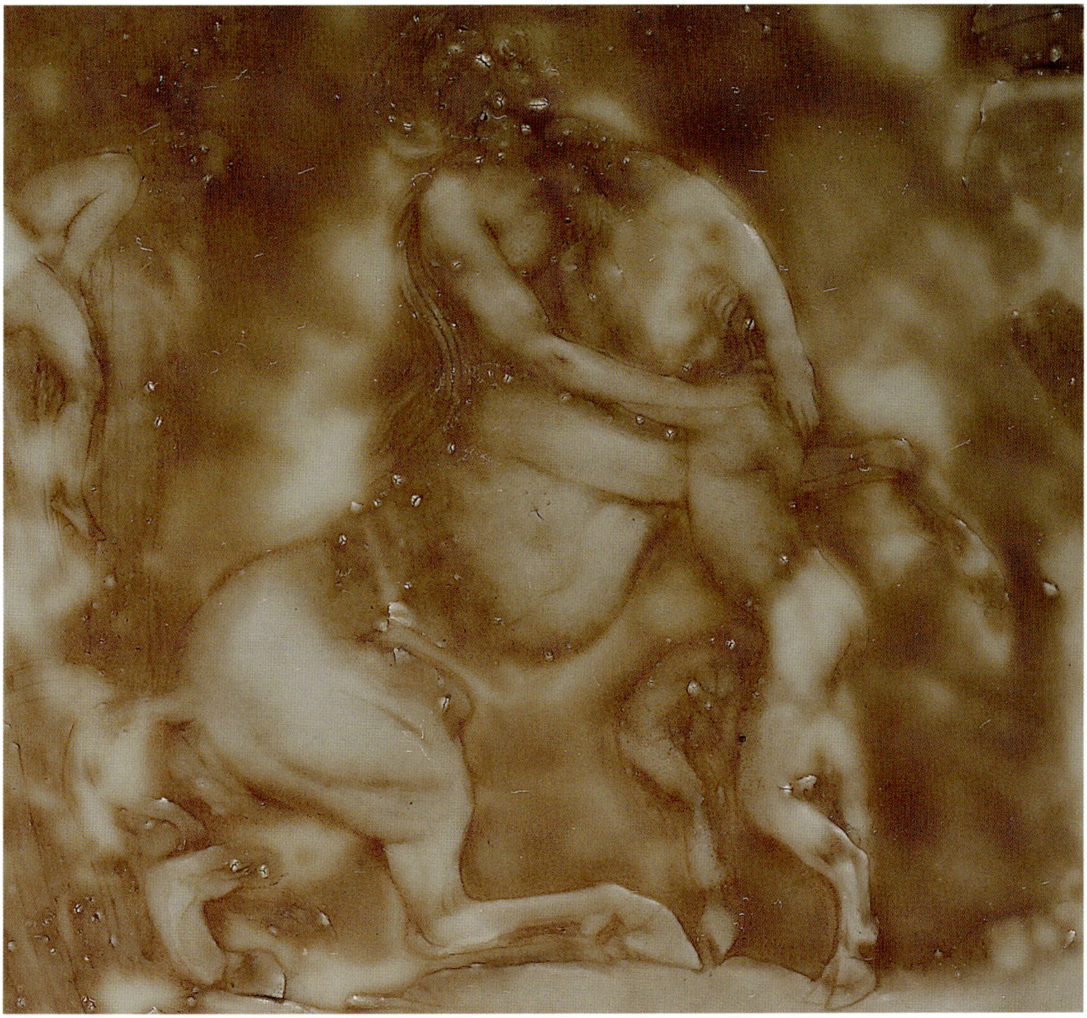

Faunesses et sirènes

En transformant ses faunesses en sirènes, Rodin ne fait que passer d'une créature monstrueuse à une autre, toutes deux associées à la duplicité, à la séduction et à la volupté. Elles ne sont sans doute que prétexte encore une fois à montrer la beauté d'un corps. Après avoir isolé une des figures de *la Porte de l'Enfer, la Faunesse à genoux,* pour en faire une ronde-bosse, il réutilise sa silhouette de dos sur le décor du vase *les Limbes et les syrènes* dont la Manufacture de Sèvres lui a commandé le modèle pour une édition multiple en 1887.

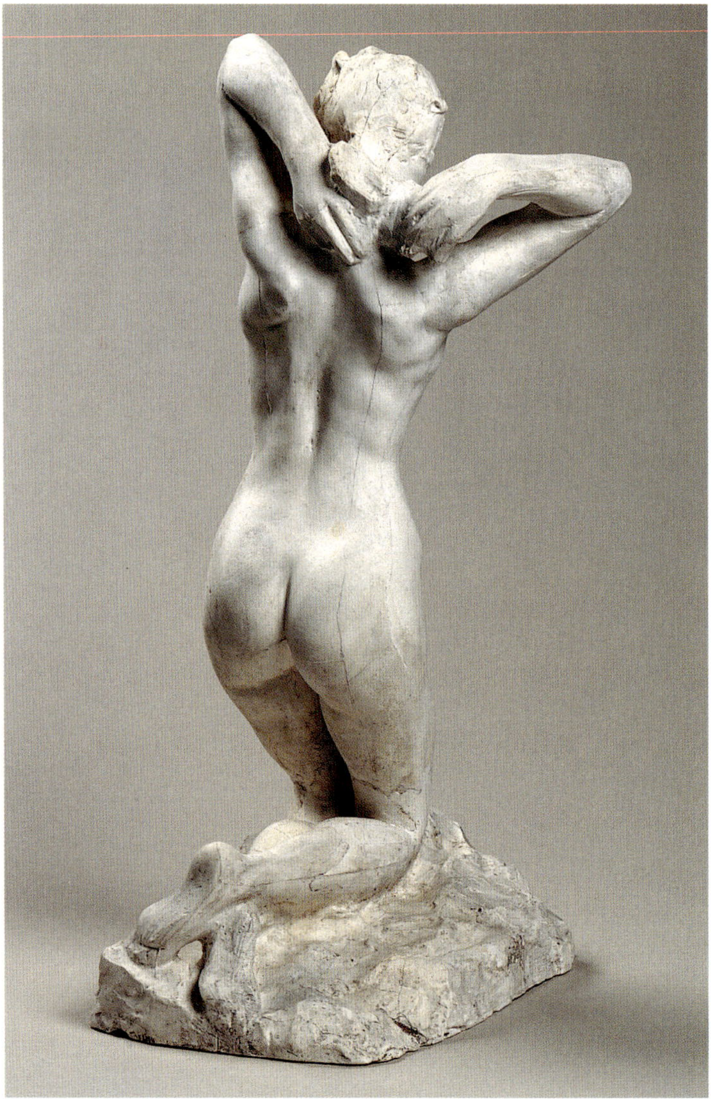

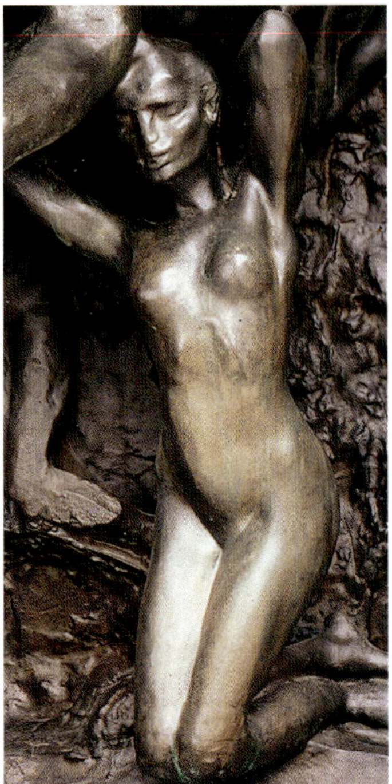

Ci-contre
Faunesse à genoux, plâtre, 54 x 26,5 x 30 cm.

Ci-dessus
Détail de *la Porte de l'Enfer.*

«... et, en peu d'instants, elle paraît à mes yeux aimable et séduisante. Alors, d'une voix harmonieuse et captivante, dont le charme m'enivrait, elle chanta ainsi : – Je suis la douce sirène : au milieu des mers, les matelots ensorcelés s'égarent à ma voix.»

Dante, *La Divine Comédie*

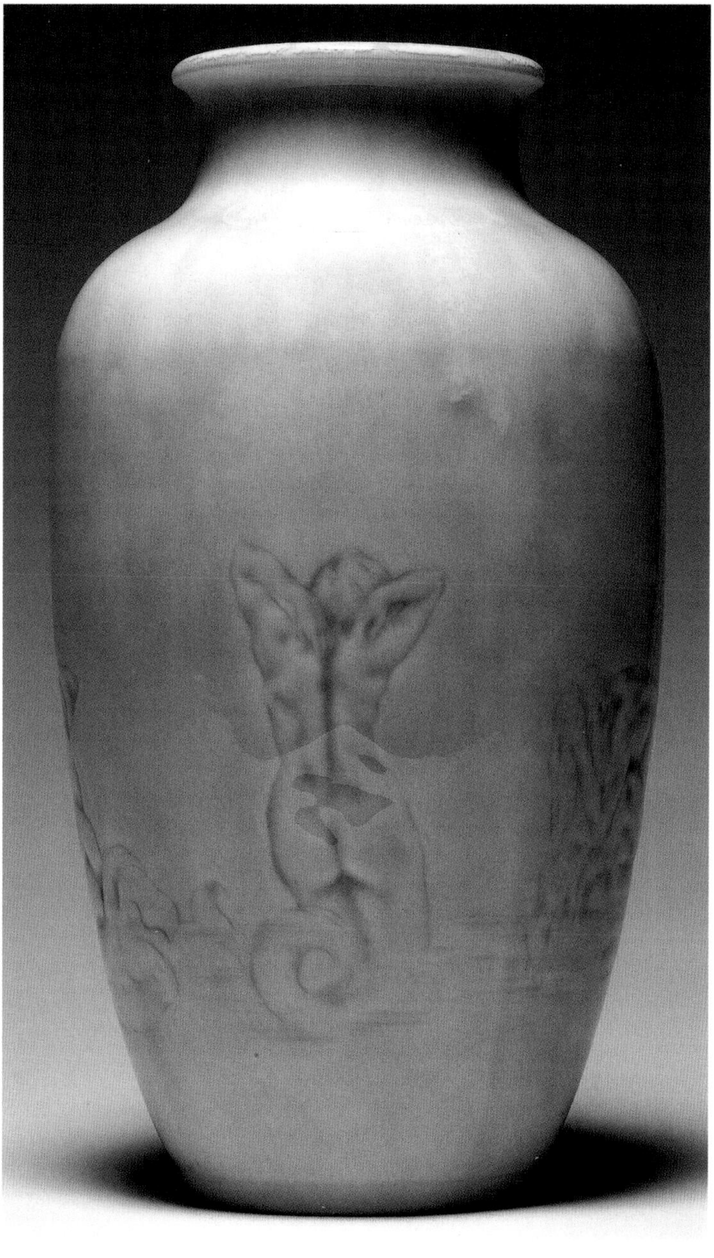

Manufacture de Sèvres et Auguste Rodin,
Vase Saïgon les Limbes et les syrènes,
1888, porcelaine nouvelle,
musée d'Art et d'Histoire de Meudon.

Femme avec amours

Le motif de la femme entourée d'une nuée d'enfants n'est pas sans évoquer la traditionnelle Naissance de Vénus. Rodin le crée vers 1881-1882, pour le décor du seau de Pompéi *la Nuit* en lui donnant la posture de la grande Ève. Au début des années 1880, Rodin élabore ses motifs sur papier pour les décliner ensuite de diverses manières et sur des supports différents. Ici, il l'isole sur une plaquette en porcelaine, sur une gravure, sur un dessin et l'intègre aux bas-reliefs de *la Porte de l'Enfer*. Cette pratique est très courante chez les ornemanistes.

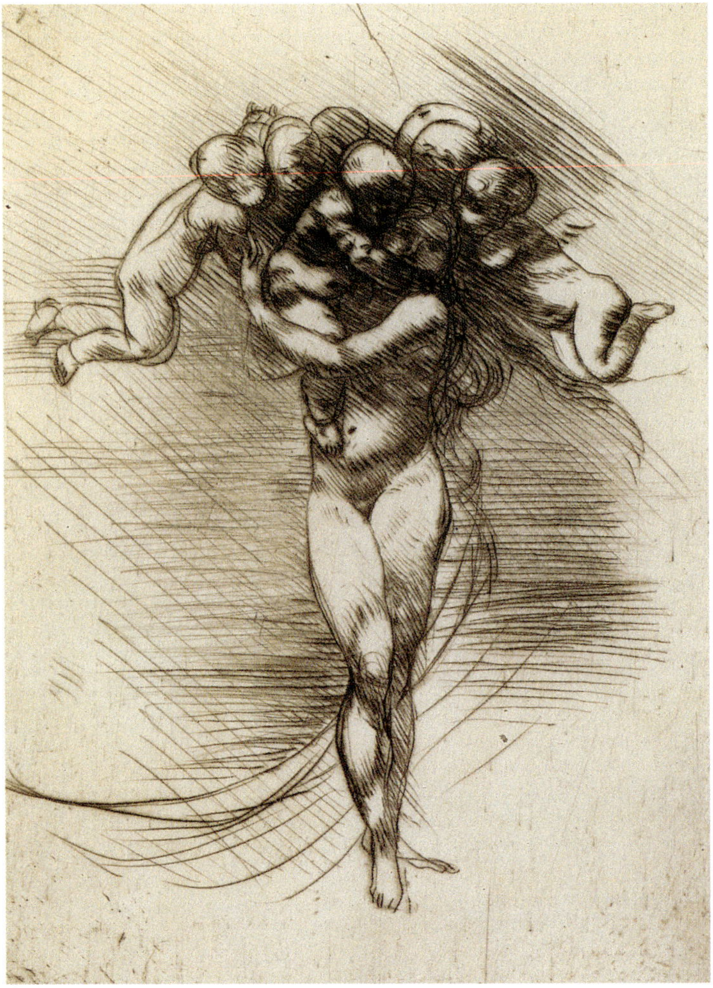

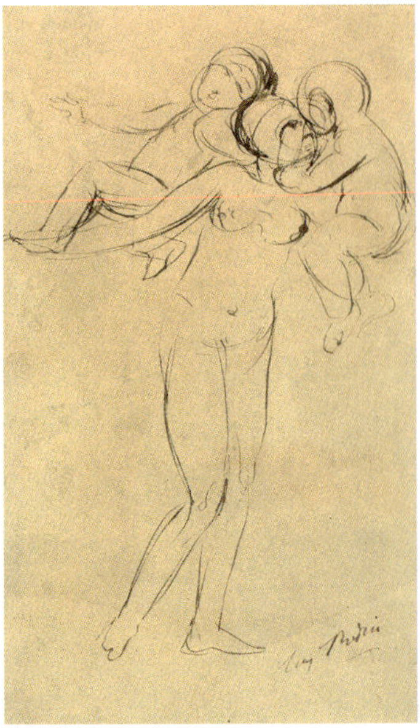

«... Je vis venir à moi, dans les grands roseaux verts, – La belle fille heureuse, effarée et sauvage, – Ses cheveux dans ses yeux, et riant au travers.»

Victor Hugo, *Les Contemplations*

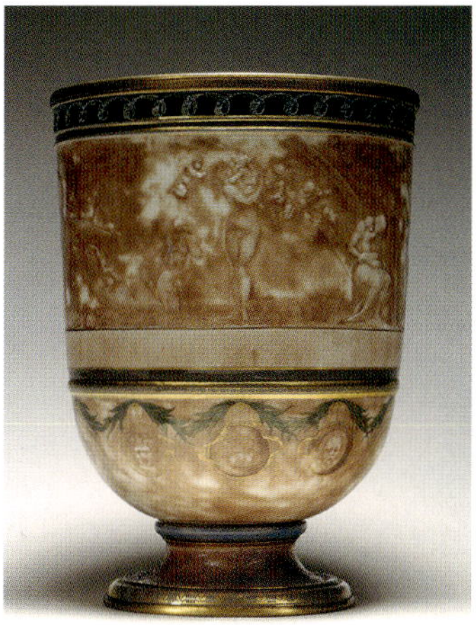

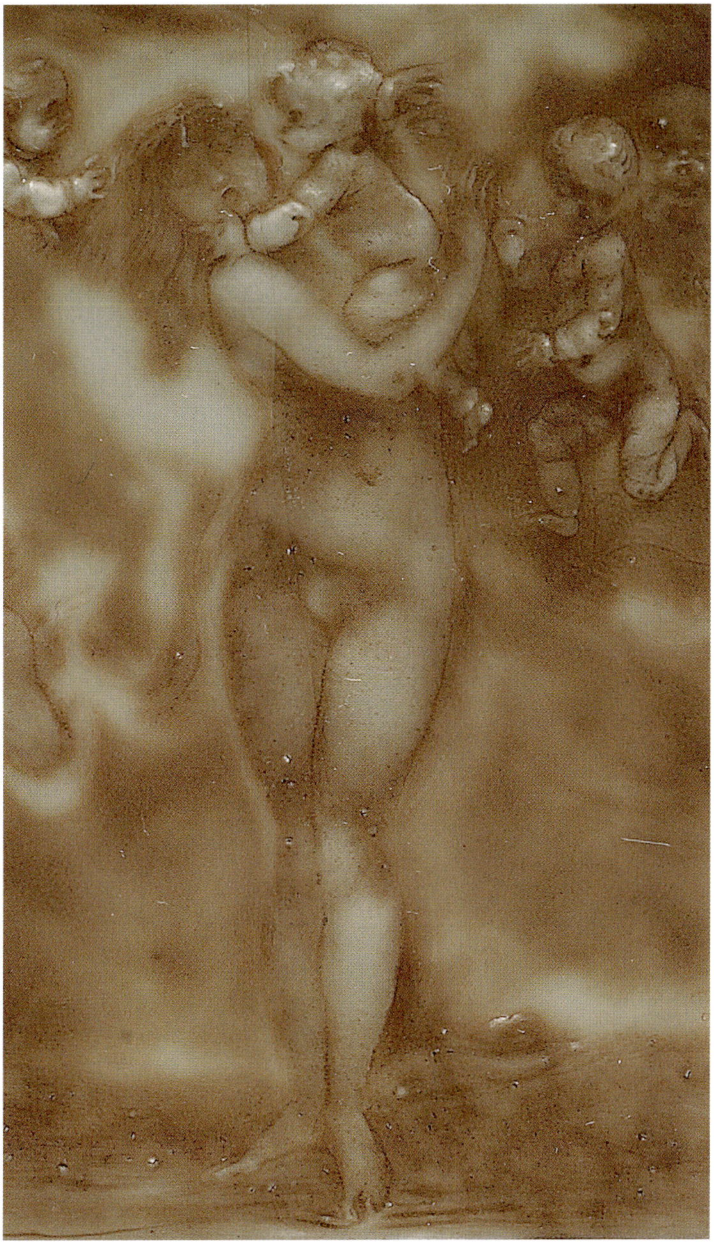

Page de gauche

Le Printemps, vers 1884-1888,
pointe sèche sur velin, 21,2 x 16,8 cm.

Femme nue avec amours,
1884, encre sur papier, 27 x 18,6 cm.

Ci-contre

Manufacture de Sèvres et Auguste Rodin,
Seau de Pompéi la Nuit,
1882-1883,
porcelaine de Sèvres,
31,8 x 22,7 cm et détail.

Femme-vase

«Autrefois, je cherchais des formes de vases, soit pour la Manufacture de Sèvres, soit pour ailleurs… Je faisais des vases pareils à tous les autres, je n'étais pas arrivé à trouver la beauté des proportions et des lignes telle que je la pressentais, parce que je n'appuyais mes recherches que sur les combinaisons de mon imagination. Depuis, j'ai dessiné des corps de femmes et l'un de ces corps m'a donné, dans sa synthèse, une superbe forme de vase, avec des lignes vraies, des rapports harmonieux…» Auguste Rodin

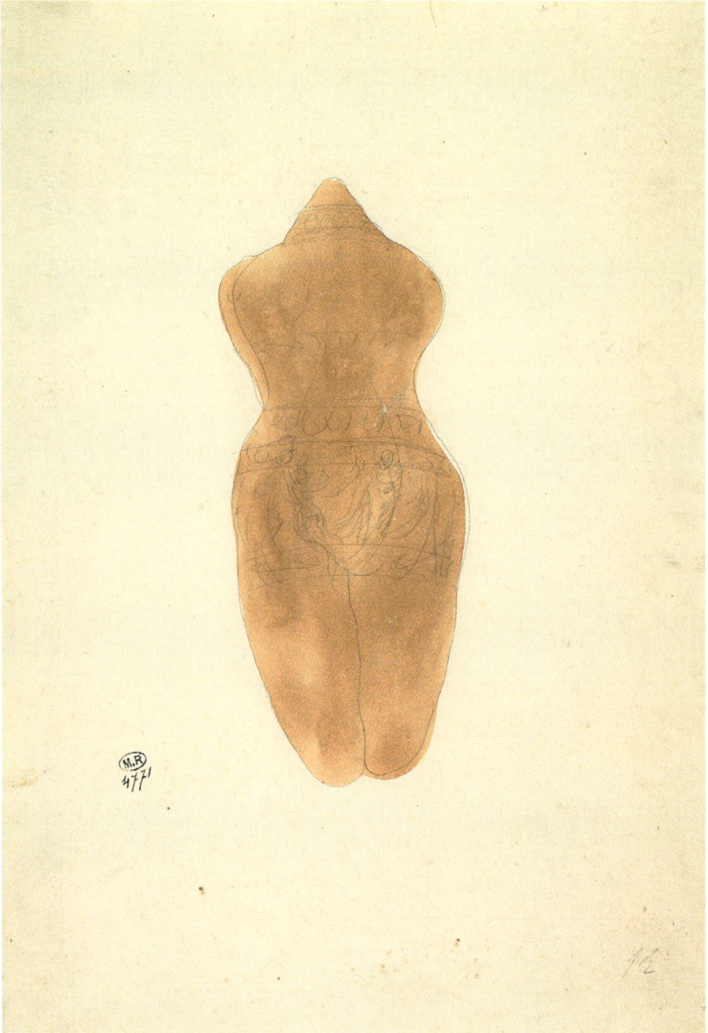

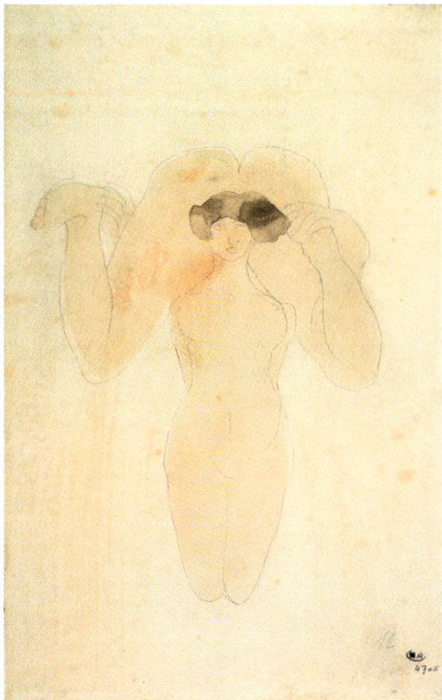

Ci-contre
Femme-vase, crayon graphite et aquarelle sur papier beige.

Ci-dessus
Une femme portant sur sa tête une femme, vers 1900, crayon graphite et aquarelle sur papier crème collé sur carton, 50,5 x 32,5 cm.

Page de droite
Bas-relief décoratif, deux nus féminins dans un médaillon (détail), vers 1900, plâtre, 35,6 x 25,8 x 2,8 cm.

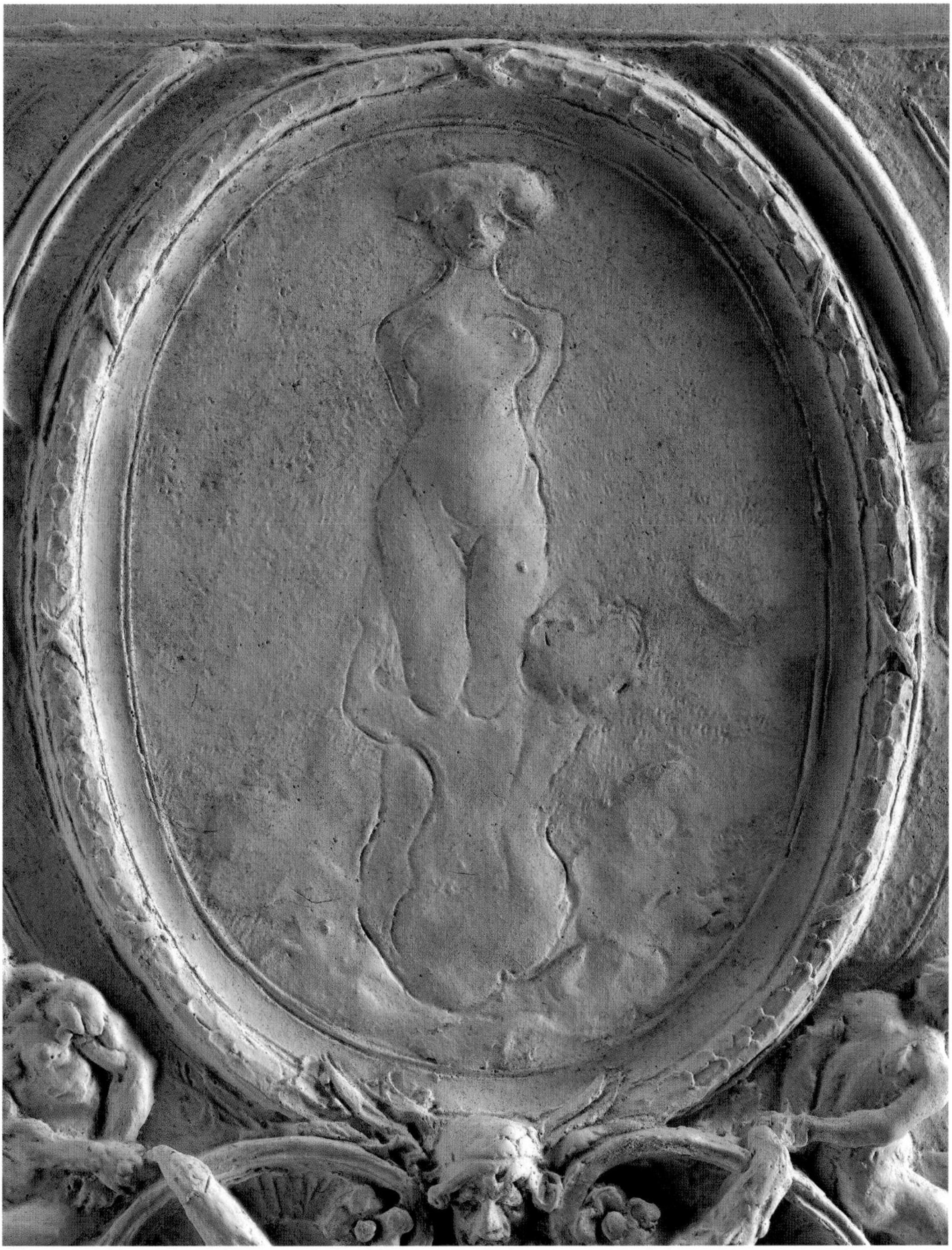

Je suis belle

La ronde-bosse *Je suis belle*, dont le titre est une référence directe au poème de Charles Baudelaire, est le résultat de l'assemblage de deux sculptures issues de *la Porte de l'Enfer*: *la Femme accroupie* – qui se trouve à la droite du *Penseur* – et *l'Homme qui tombe*. Amours maudites toujours, l'homme qui porte la femme qui se détourne a été repris par Rodin pour illustrer *De Profundis Clamavi* des *Fleurs du mal*.

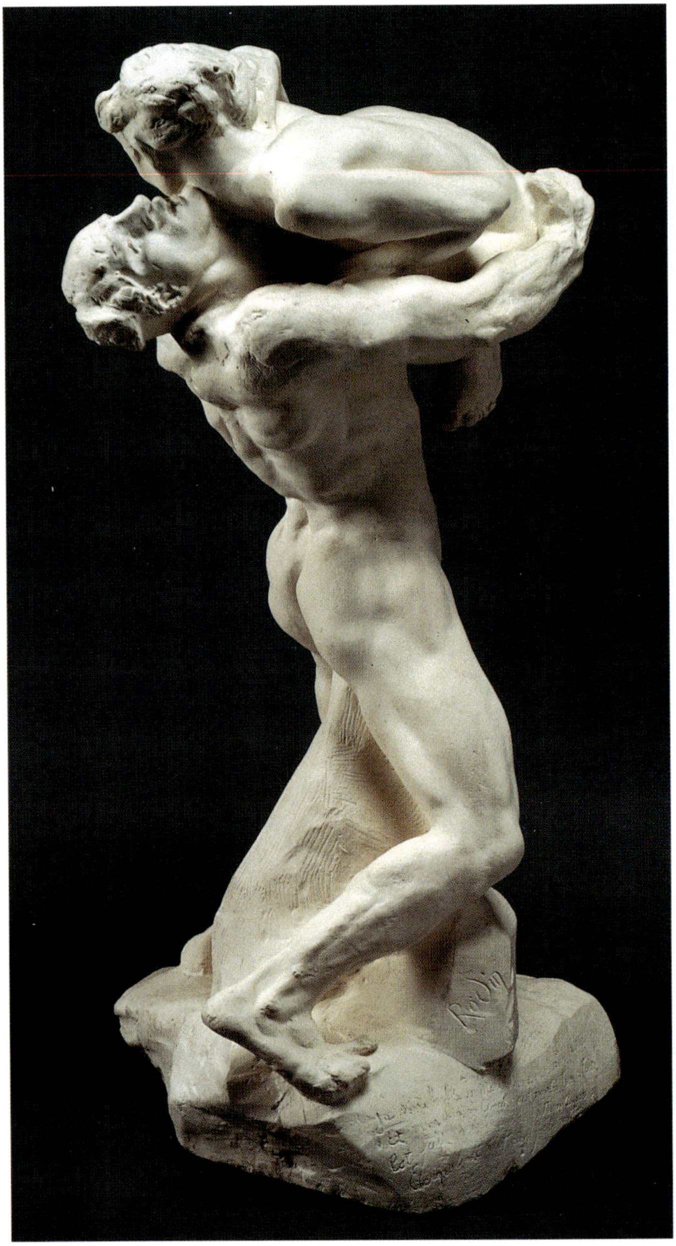

Ci-contre
Je suis belle, 1882, plâtre, 69,8 x 33,2 x 34,5 cm.

Page de droite
De Profundis Clamavi, plume et lavis d'encre sur papier Japon.

Détail de la partie inférieure du piédroit de droite de *la Porte de l'Enfer*, vers 1885, plâtre enduit d'un agent démoulant, 210 x 4,5 x 15 cm.

«Je suis belle, ô mortels, comme un rêve de pierre,- Et mon sein, où chacun s'est meurtri tout à tour,- Est fait pour inspirer au poète un amour - Éternel et muet ainsi que la matière.»

La Beauté, Charles Baudelaire, *Les Fleurs du Mal*

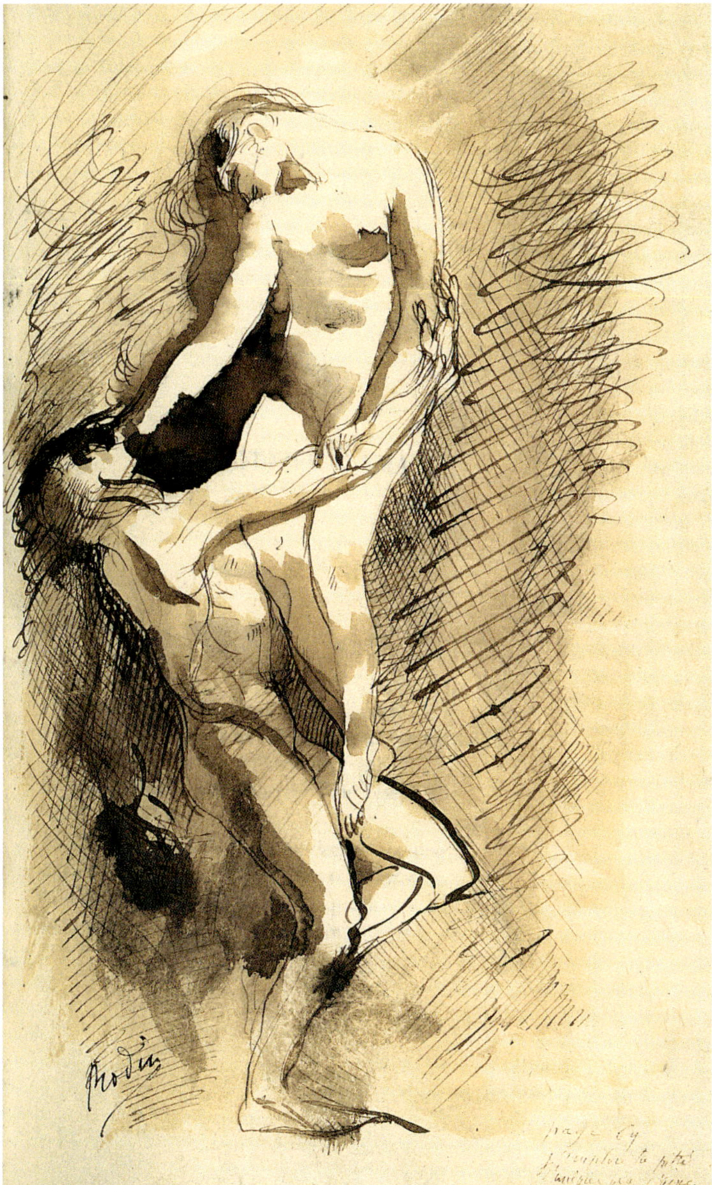

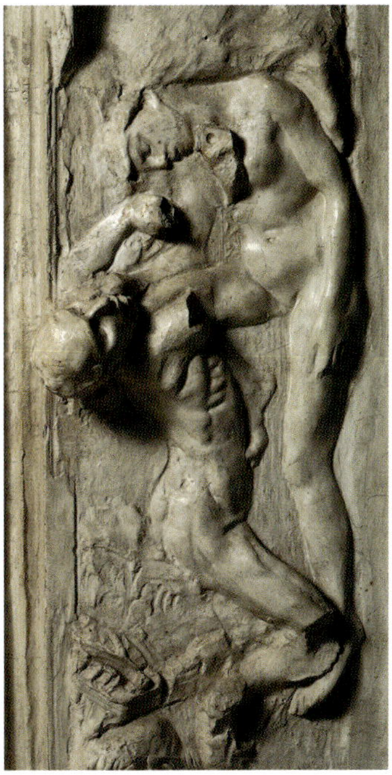

La Martyre

La Martyre fut conçue dans un premier temps pour *la Porte de l'Enfer* où elle apparaît à de multiples endroits : sous l'aspect de la Fortune, sur le vantail gauche ; assemblée à *la Femme accroupie* sur le tympan… Rodin l'utilisera également en ronde bosse, debout ou couchée : elle sera *Orphée et Eurydice*, *l'Illusion sœur d'Icare*, *l'Automne* dans un bas-relief installé dans l'hôtel particulier du baron Joseph Vitta (p. 12) et *le Lys brisé* sur un monument funéraire.

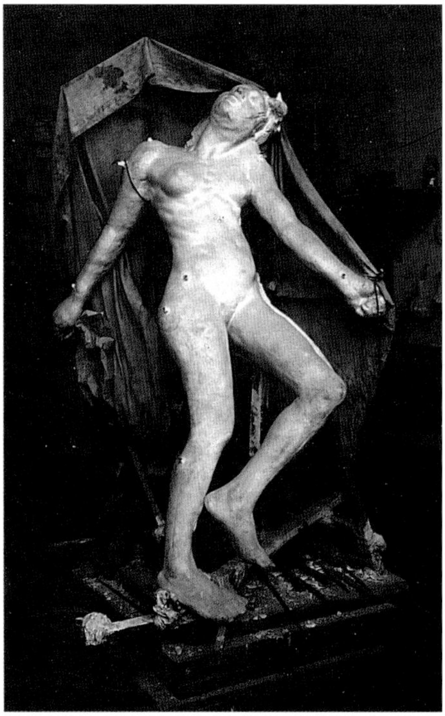

Ci-contre
La Martyre,
23,6 x 17,7 cm.

Ci-dessous
La Martyre, grand modèle, 1899,
bronze (fonte Alexis Rudier, 1917),
42 x 152 x 100,5 cm.

Page de droite
La Martyre ou le Lys brisé,
38,5 x 28,5 cm.

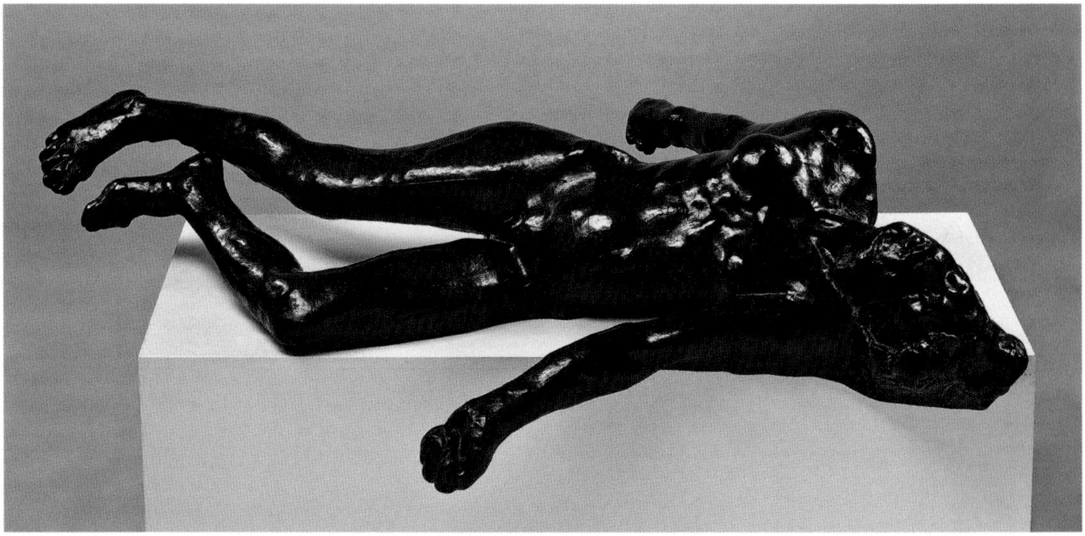

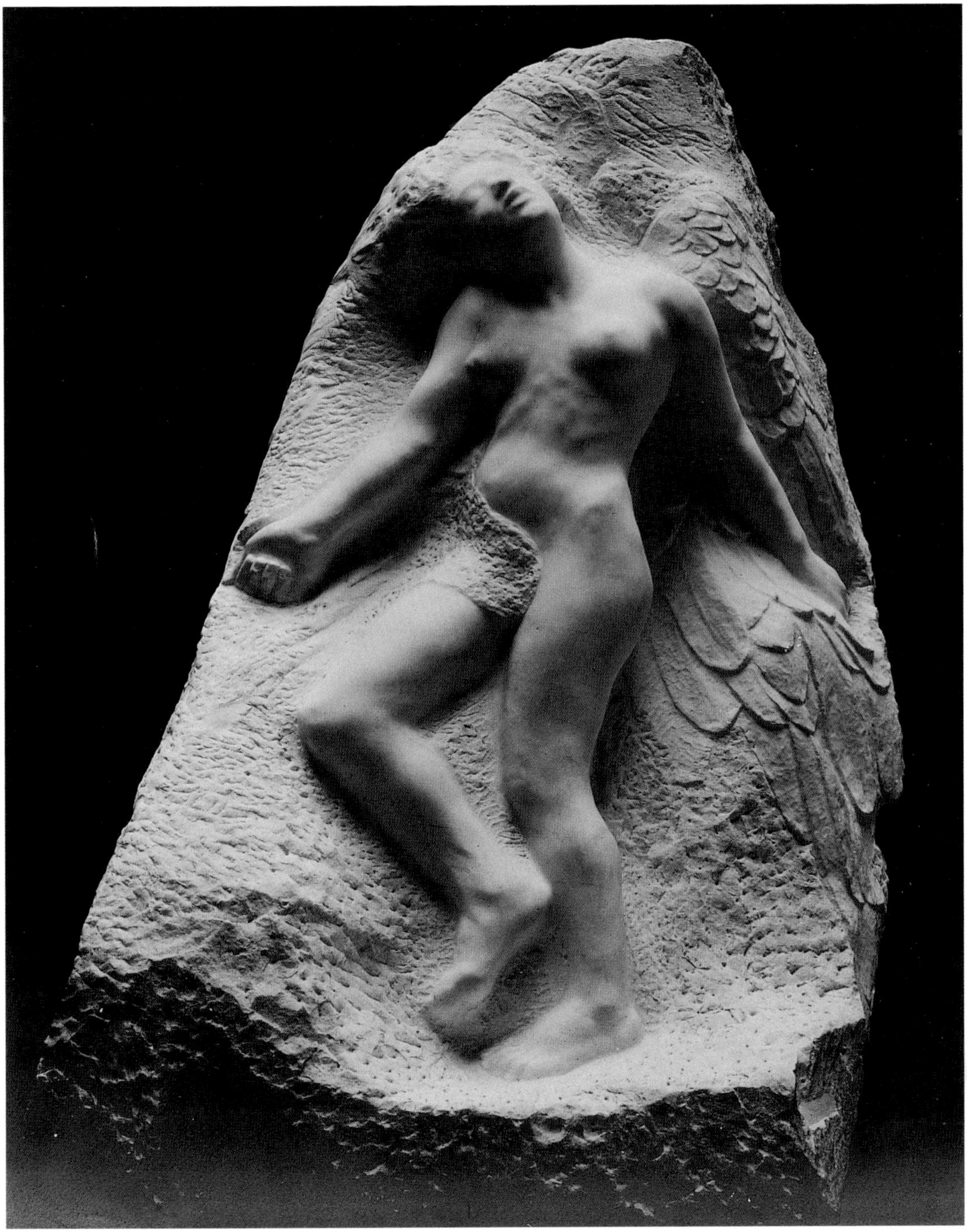

«Sur le lit, le tronc nu sans scrupule étale
– Dans le plus complet abandon – La secrète splendeur
et la beauté fatale – Dont la nature lui fit don.»

Une martyre, Charles Baudelaire, *Les Fleurs du Mal*

Les Métamorphoses d'Ovide

Deux femmes enlacées couronnent le piédroit de droite de *la Porte de l'Enfer.* Sur une photographie, Rodin avait annoté «le désir». La charge érotique est toujours très forte lorsque Rodin les détache, les pose à l'horizontale pour former selon lui le moment de l'étreinte entre la nymphe Salmacis et l'hermaphrodite dont elle vient de tomber amoureuse, épisode issu des *Métamorphoses* d'Ovide dont Rodin était grand lecteur. Le groupe se transforme, presque naturellement, pour évoquer les retrouvailles d'Amour et de Psyché.

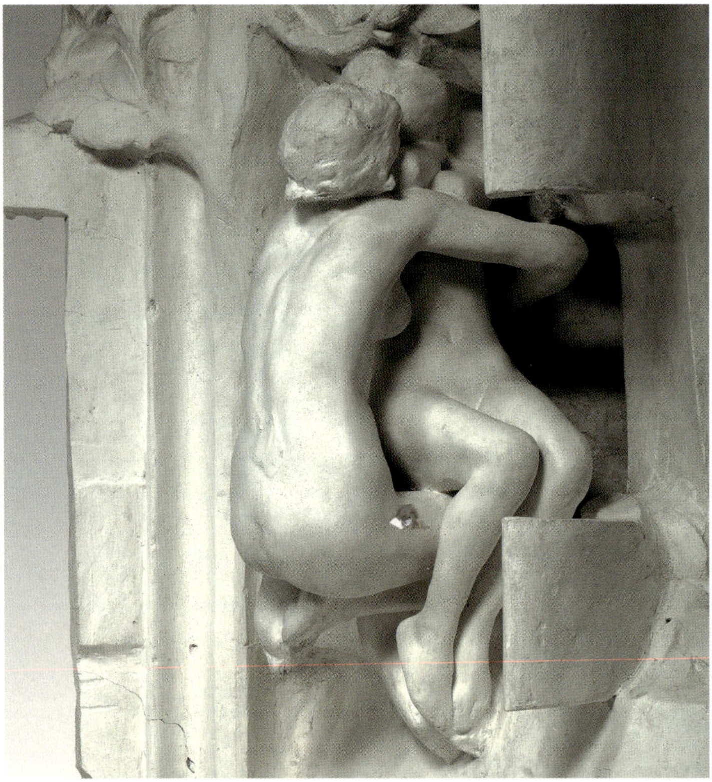

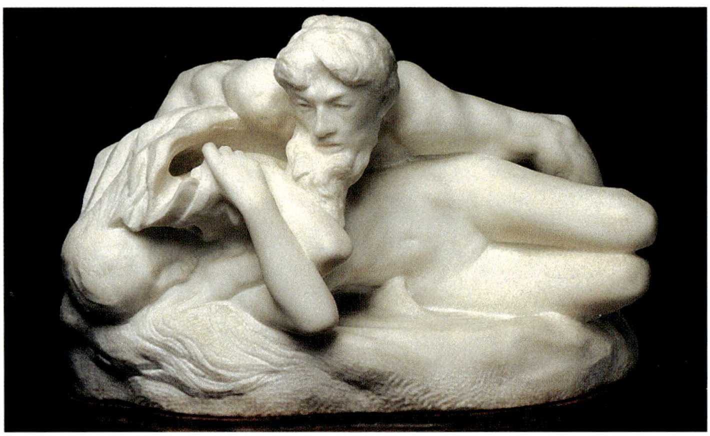

Ci-dessus

Détail de la Porte de l'Enfer, angle supérieur droit, avant 1889, plâtre, 89,5 x 69,3 x 54,2 cm.

Ci-contre

Psyché-Printemps, marbre.

Page de droite

Les Métamorphoses d'Ovide, vers 1886-1889, bronze (fonte au sable, Alexis Rudier, 1927), 32,3 x 39,8 x 25,6 cm.

«Les dieux qu'elle pria entendirent ses vœux : leurs deux corps sont mêlés, soudés, et se présentent sous une figure unique… ils ne sont plus que deux, mais une forme double, dont on ne peut dire si elle est fille ou garçon ; ils semblent n'être ni l'un ni l'autre et être l'un et l'autre.»

Ovide, *Les Métamorphoses*

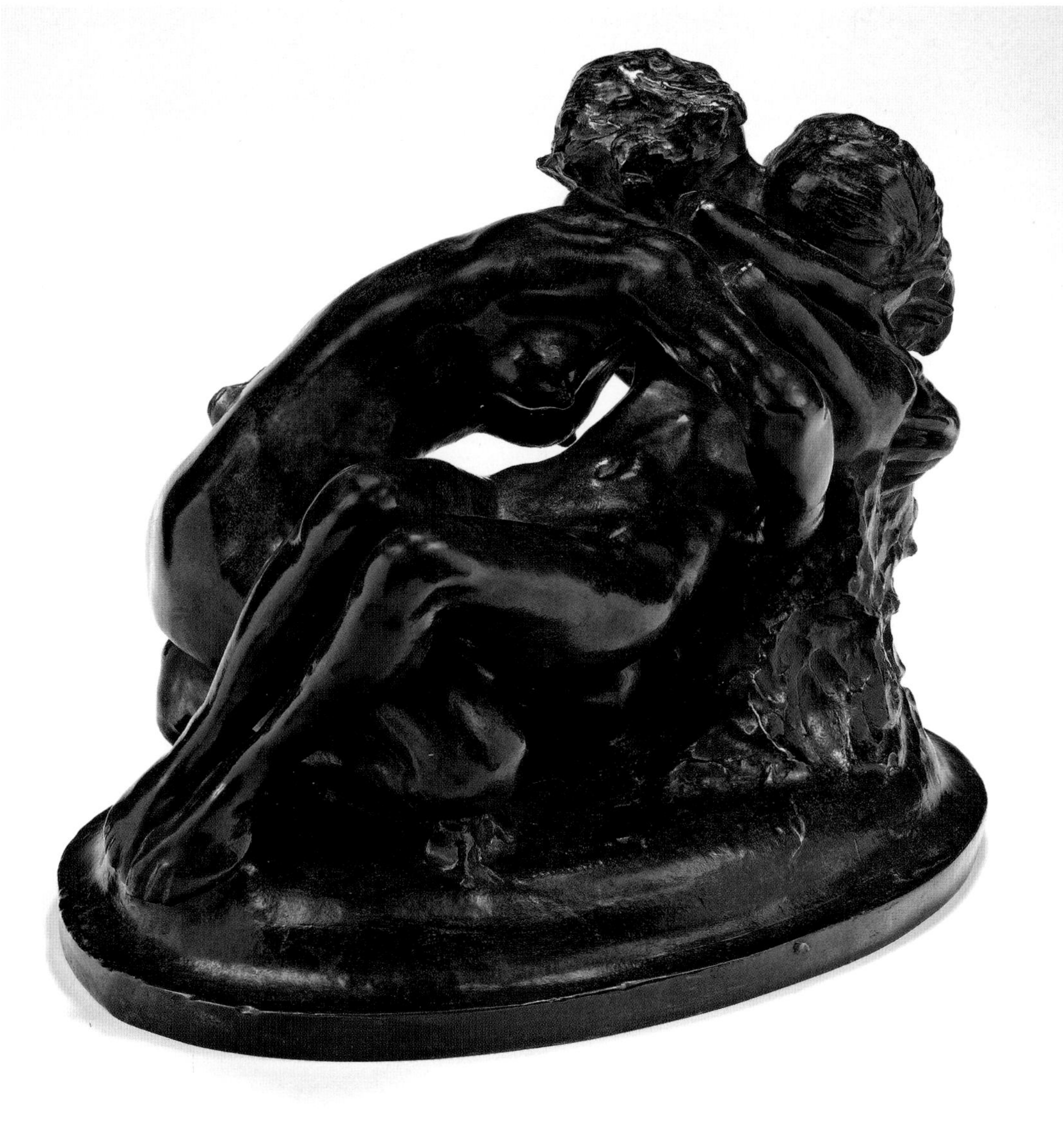

La Pleureuse

Rodin modèle le masque de *la Pleureuse* comme un masque à taille réelle pour *la Porte de l'Enfer*, puis le traduit en très bas relief pour les décors de vases de Sèvres et quelques années après le fait tailler quasiment comme une tête en marbre, puis l'isole et le met sur un petit tertre pour en faire une sculpture qu'il va faire éditer en ronde bosse, puis en masque.

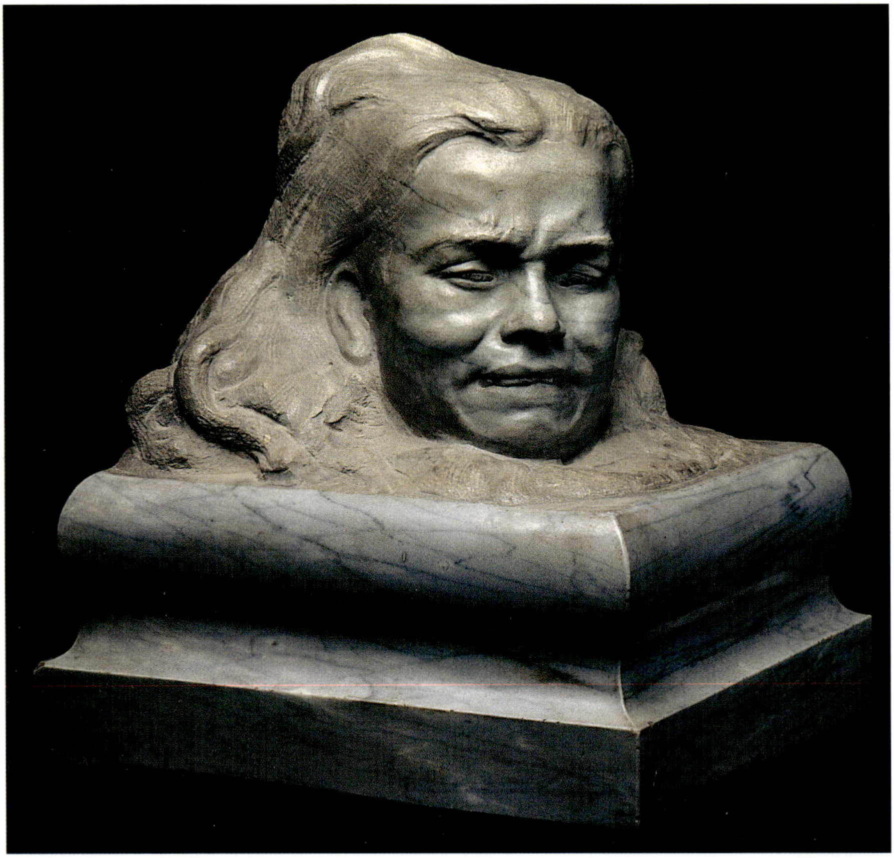

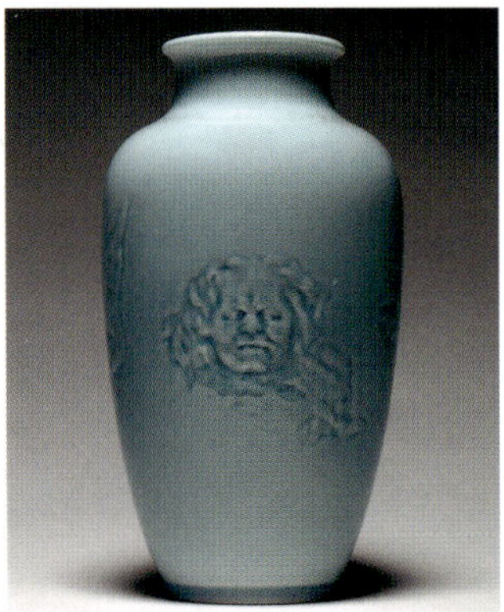

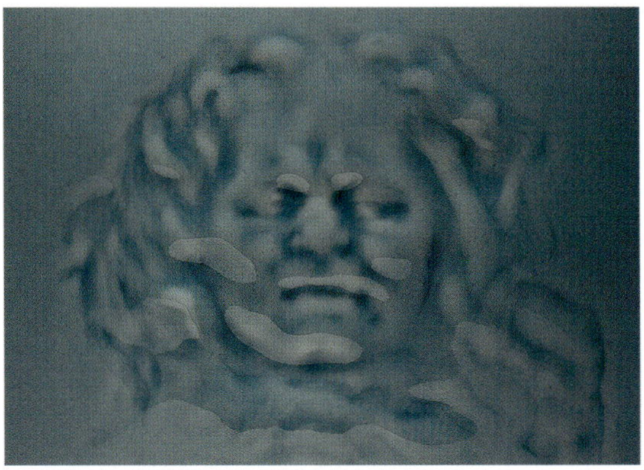

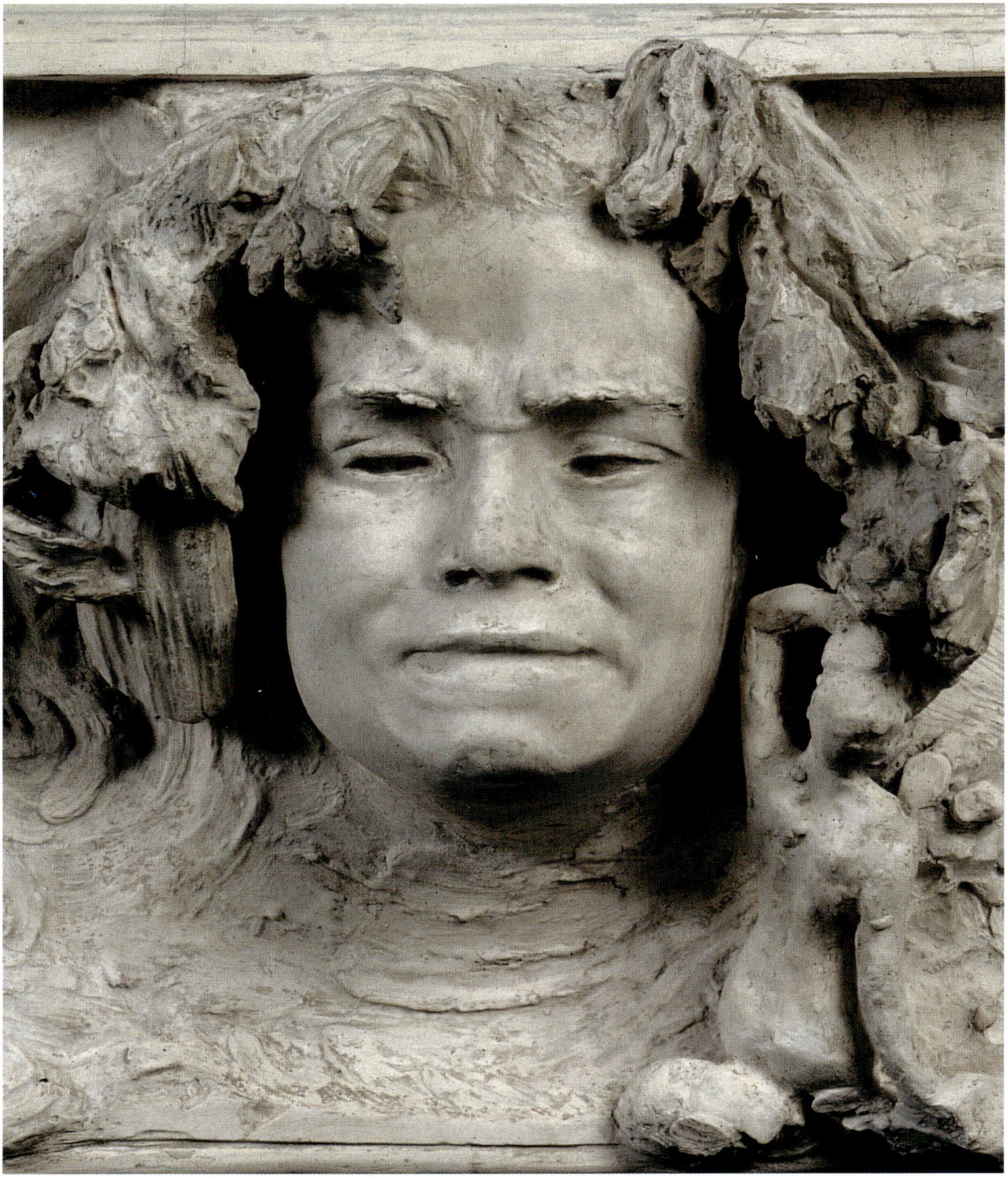

Page de gauche

Pleureuse, 1893, marbre (taillé par François Pompon), 35,7 x 31,9 x 31,8 cm.

Manufacture de Sèvres et Auguste Rodin,
Vase Saïgon, Le Masque, vers 1888-1891, porcelaine nouvelle, musée des Beaux-Arts, Agen.

Ci-dessus

Détail de *la Porte de l'Enfer*, bas-relief : tête de pleureuse et centaures, vers 1884-1885, 32,3 x 111 x 18 cm.

Vaine Tendresse

Lorsque vers 1900 Roger Marx demande à Rodin une médaille – il est en effet un membre de la Société des amis de la médaille, et un critique influent ami du sculpteur –, celui-ci se tourne une nouvelle fois vers un des bas-reliefs de *la Porte de l'Enfer*. Sans doute la douceur qui se dégage de ce couple enlacé lui semblait-elle propice à évoquer la protection liée à cette médaille dont la vente avait un but caritatif. Georges Grappe ne s'y trompa pas non plus lorsqu'il lui donna le titre de *Vaine Tendresse*.

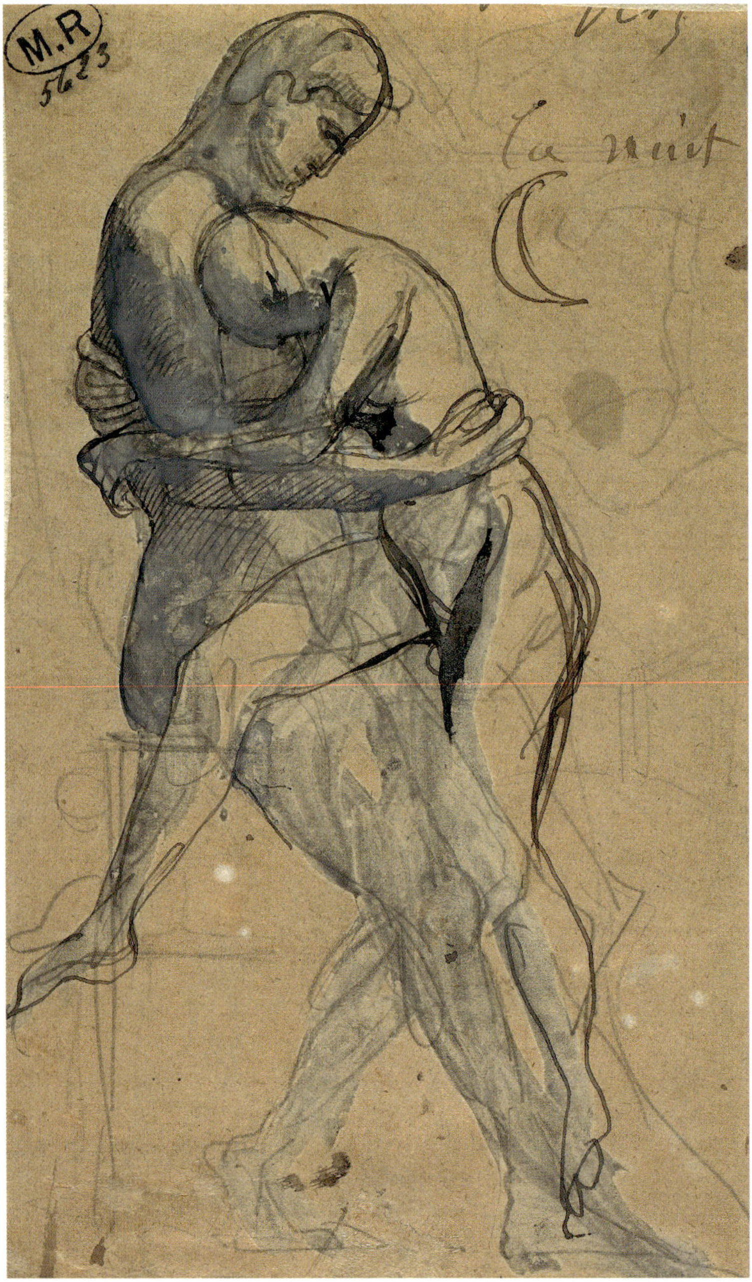

Ci-contre
La Nuit, couple enlacé au clair de lune, vers 1883-1885, crayon graphite, plume et encre brune, rehauts de gouache sur papier beige, 16 x 9,5 cm.

Page de droite
Monnaie de Paris et Auguste Rodin, *Protection*, 1916, Argent, 9,7 x 4,3 x 0,9 cm.

Vaine Tendresse, avant 1887, bronze (fonte au sable Alexis Rudier, 1908), 92,1 x 31 x 9,4 cm.

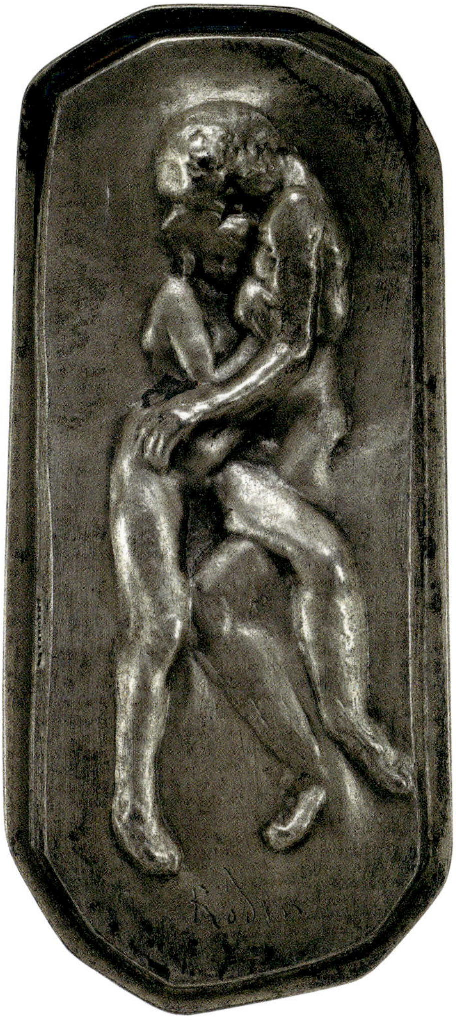
Rodin

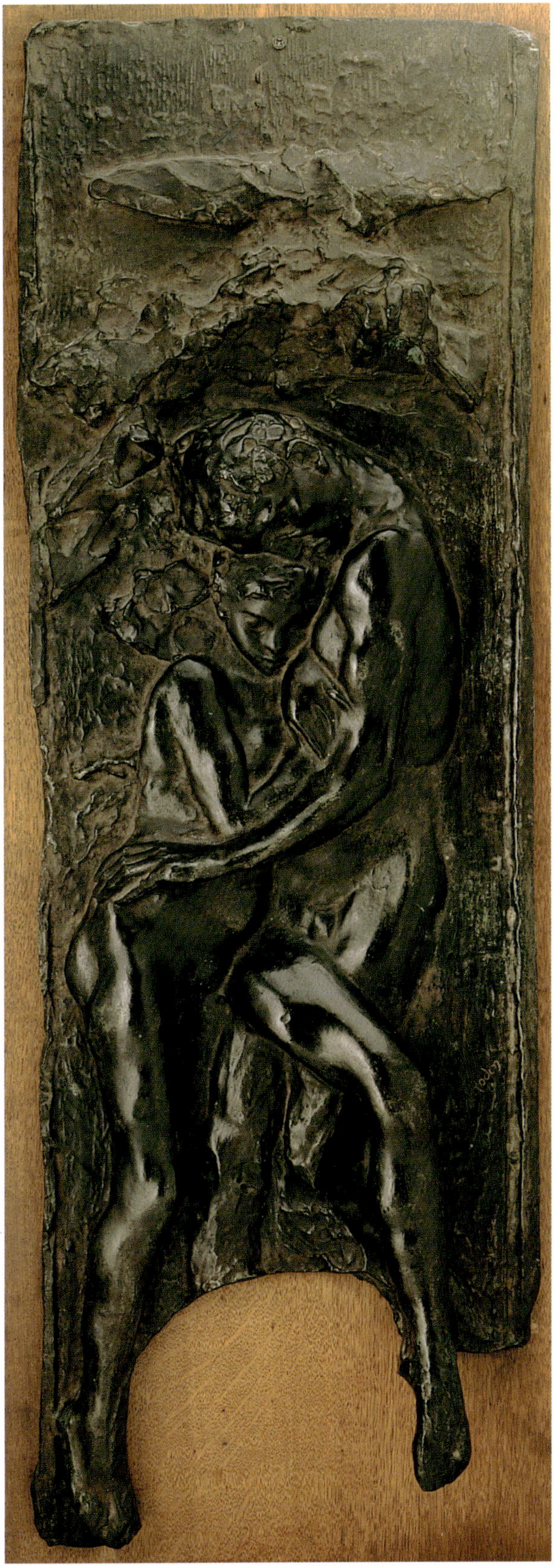

Biographie

par Romain Poiré et Stéphanie Méséguer

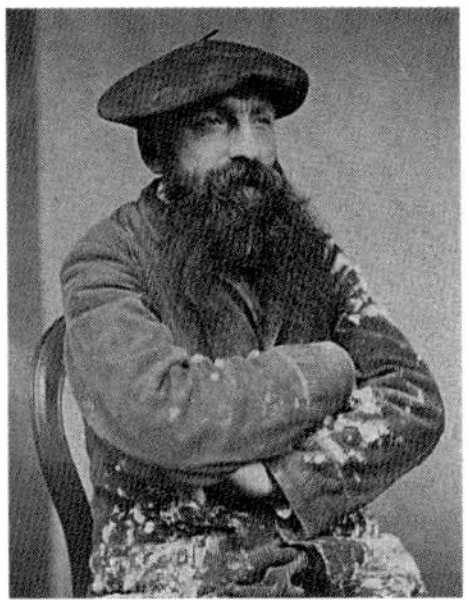

Anonyme,
Portrait de Rodin vêtu d'une veste tachée de plâtre,
1880, papier albuminé.

12 novembre 1840
Auguste Rodin naît à Paris au sein d'une famille modeste. Il dessine dès l'âge de 10 ans.

1854-1857
Il fréquente l'École de dessin et de mathématiques, et s'entraîne au cours du soir de l'École des Gobelins.

1857
Après avoir quitté la Petite École, il tente d'intégrer les Beaux-Arts, en vain; il sera par trois fois refusé et finira par chercher du travail en tant que sculpteur.

1864
Il travaille en partenariat avec le sculpteur Albert Ernest Carrier-Belleuse.

1867
Collaboration avec l'atelier des frères Fannières, orfèvres.

1867-1869
Commande d'un fronton sculpté pour la façade du théâtre des Gobelins.

1871
Sous la direction de Carrier-Belleuse, il travaille à l'ornement de la Bourse, en Belgique.

1873-1875
En collaboration avec Antoine Joseph van Rasbourgh, il conçoit des cariatides et des atlantes pour les façades de plusieurs immeubles du boulevard Anspach, toujours à Bruxelles.

1875
Réalisation de *Suzon*, buste décoratif en bronze dont il cède les droits de reproduction à la Compagnie des bronzes de Bruxelles.

1877
Exposition de *l'Âge d'airain* qu'on accuse d'avoir été moulé sur nature. L'État l'achètera trois ans plus tard. Modèle les figures du *Support Titans* pouvant être associé aux différentes vasques du catalogue de la Manufacture de Choisy-le-Roy.

1878
À l'occasion de l'Exposition universelle, il orne la fontaine du palais du Trocadéro de têtes grotesques, sous la direction de Legrain.
Il modèle deux cariatides et un masque féminin pour une armoire de style Renaissance fabriquée par l'ébéniste Mathias Ginsbach et connaît un début de reconnaissance avec son *Saint Jean-Baptiste*.

1879
Il entre à la Manufacture de Sèvres par l'intermédiaire de Carrier-Belleuse.

1880
Rodin installe son atelier du dépôt des marbres au 182, rue de l'Université. L'État lui commande une porte pour le futur musée des Arts décoratifs. Travaillant jusqu'à la fin de sa vie sur *la Porte de l'Enfer*, il ne livrera jamais la commande.

1880-1881

Commande d'une figure de *D'Alembert* pour la façade du nouvel Hôtel de Ville de Paris.

1882

Autres pièces pour Ginsbach, deux figures d'enfants pour un pied de lit. Il réalise *le Penseur* qui sera installé devant le Panthéon en 1906.

1884

À la huitième exposition de l'Union centrale des arts décoratifs, la Manufacture de Sèvres expose cinq de ses pièces décorées. Premier contact avec Félix Bracquemond, peintre et graveur.

1886

Dans sa période belge du milieu des années 1880 pendant laquelle il crée nombre d'amours et d'enfants potelés, Rodin livre le groupe des *Enfants assis, la Sirène*, et *les Gardiens du nom*, commandé par Maurice Fenaille pour orner sa villa à Neuilly.

1887

Nommé chevalier de la Légion d'honneur. Illustre *les Fleurs du mal* de Charles Baudelaire.

1889

Il participe à la fondation de la Société nationale des beaux-arts. Commande d'une figure de *l'Architecture* pour le palais des Beaux-Arts de l'Exposition universelle. Suscite l'admiration à la première exposition des peintres-graveurs.

1892

Officier de la Légion d'honneur.

1898

Commande du portrait de *Madame Fenaille*.

1899

Commande pour la villa La Sapinière à Évian de deux jardinières et deux tympans pour le vestibule.

1900

Il organise sa propre exposition en marge de l'Exposition universelle. 165 sculptures sont exposées ainsi que des dessins et de nombreuses photographies qui montrent la vie de son atelier. Le pavillon sera remonté dans sa propriété à Meudon.

1902

Rencontre Rainer Maria Rilke qui deviendra son secrétaire. Illustre *le Jardin des supplices*.

1905

Devient membre du Conseil supérieur des beaux-arts. Expose des gravures et cinq sculptures décoratives au musée du Luxembourg.

1907

Révèle ses ouvrages de céramiste lors de l'exposition du musée industriel de la ville de Paris.

1912

Matías Errázuriz, diplomate et collectionneur chilien, commande à Rodin une cheminée pour un palais néo-Renaissance à Buenos Aires. Faute d'avoir trouvé un accord sur le prix, le collectionneur n'obtint que la fonte en bronze de la maquette.

1916

Rodin tombe malade et fait trois donations à l'État. L'établissement du musée Rodin à l'hôtel Biron est voté par l'Assemblée nationale.

17 novembre 1917

Mort de Rodin.

4 août 1919

Le musée Rodin ouvre ses portes.

Ce carnet est publié à l'occasion
de l'exposition «Corps et décors,
Rodin et les arts décoratifs»,
présentée au musée Rodin à Paris
du 16 avril au 22 août 2010.

www.musee-rodin.fr

Commissariat général

Dominique Viéville
Conservateur général du patrimoine
Directeur du musée Rodin

Commissariat de l'exposition

François Blanchetière
Conservateur au musée Rodin

Exposition

Service du développement
Mise en œuvre de l'exposition
et de l'offre culturelle

Noëlle Chabert
Conservateur en chef du patrimoine,
responsable du service

Marc Bembekoff
Chargé de la coordination et du suivi
de production et de réalisation

Isabelle Bissière
Chargée de la médiation et
des activités pédagogiques et culturelles
*assistée d'*Élodie Schaeffer

Clémence Goldberger
Chargée de la communication

Théophane Cotte
Chargé du site internet

Scénographie de l'exposition

Loretta Gaïtis

Graphisme de l'exposition

Tania Hagemeister

Édition

Une publication du service
éditorial et commercial du musée Rodin
dirigé par Edwige Ridel

Jean-Baptiste Chantoiseau
Responsable d'édition

Iconographie

Jérôme Manoukian
Responsable du service photographique

Anne-Marie Chabot
Adjointe au responsable du service

Beaux Arts éditions
101, boulevard Murat
75016 Paris
Tél.: + 33 (0)1 53843150
www.beauxartsmagazine.com

Président
Thierry Taittinger

Directeur
Claude Pommereau

Directrice des partenariats
Marion de Flers

Chef de produit
Laure Violet

Responsable éditoriale
Séverine Cuzin

Édition
Stéphanie Méséguer

Création graphique
Aurore Jannin

Correction
Stéphanie Méséguer

Iconographe
Alexandra Buffet

Photogravure
Key Graphic, Paris

Impression
Clerc, Saint-Amand-Montrond.
Imprimé en France (Printed in France)

ISBN 978-2-84278-756-1
Dépot légal avril 2010

Sauf mention contraire,
toutes les œuvres reproduites
sont conservées au musée Rodin.

Crédits
p. 2: © musée Rodin; p. 4-5: © musée Rodin/cliché Christian Baraja; p. 6: © musée Rodin/cliché Christian Baraja; p. 8: © musée Rodin/cliché Jean de Calan; p. 11: © musée Rodin/cliché Christian Baraja; p. 13: © musée Rodin/cliché Christian Baraja; p. 16: © musée Rodin/cliché Christian Baraja; p. 17 : © musée Rodin/cliché Christian Baraja; p. 18 g. : © musée Rodin/cliché Jean de Calan; p. 18 d.: © musée Rodin/cliché Christian Baraja; p. 19 g. © musée Rodin; p. 19 d.: © musée Rodin/cliché Jean de Calan; p. 20: © musée Rodin/cliché Christian Baraja; p. 21: © musée Rodin/cliché Jean de Calan; p. 22 g.: © musée Rodin/cliché Christian Baraja; p. 22 d.: © musée Rodin/cliché Jean de Calan; p. 23: © musée Rodin/cliché Christian Baraja; p. 24-25: RMN (musée national de Céramique/clichés Martine Beck-Coppola; p. 26: © musée Rodin/cliché Adam Rzepka: p. 27: © musée Rodin/cliché Christian Baraja; p. 28: RMN/clichés Martine Beck-Coppola; p. 29: © musée Rodin/cliché Christian Baraja; p. 30: © musée Rodin; p. 31: © musée Rodin/cliché Christian Baraja: p. 32: © musée Rodin/cliché Jean de Calan; p. 33: © musée Rodin/cliché Christian Baraja; p. 34: © musée Rodin/cliché Jean de Calan; p. 35: © musée Rodin/cliché Adam Rzepka; p. 36: © musée Rodin/cliché Béatrice Hatala; p. 37: g. © musée Rodin; p. 37 d.: © musée Rodin/cliché Jean de Calan; p. 38 h.: © musée Rodin; p. 38 b.: © musée Rodin/cliché Christian Baraja; p. 39: © musée Rodin; p. 40 h. © musée Rodin/cliché Christian Baraja; p. 40 b.: © musée Rodin/cliché Adam Rzepka: p. 41: © musée Rodin/cliché Christian Baraja; p. 42 h.: © musée Rodin/cliché Adam Rzepka; p. 42 b.: © musée Rodin; p. 43: © musée Rodin; p. 44: © musée Rodin / Jean de Calan; p. 45 g.: © musée Rodin/cliché Christian Baraja; p. 45 d.: © musée Rodin/cliché Béatrice Hatala; p. 46: © musée Rodin.

BeauxArts éditions TTM MUSÉE RODIN